essentials

Essentials liefern aktuelles Wissen in konzentrierter Form. Die Essenz dessen, worauf es als „State-of-the-Art" in der gegenwärtigen Fachdiskussion oder in der Praxis ankommt. Essentials informieren schnell, unkompliziert und verständlich

- als Einführung in ein aktuelles Thema aus Ihrem Fachgebiet
- als Einstieg in ein für Sie noch unbekanntes Themenfeld
- als Einblick, um zum Thema mitreden zu können.

Die Bücher in elektronischer und gedruckter Form bringen das Expertenwissen von Springer-Fachautoren kompakt zur Darstellung. Sie sind besonders für die Nutzung als eBook auf Tablet-PCs, eBook-Readern und Smartphones geeignet.

Essentials: Wissensbausteine aus Wirtschaft und Gesellschaft, Medizin, Psychologie und Gesundheitsberufen, Technik und Naturwissenschaften. Von renommierten Autoren der Verlagsmarken Springer Gabler, Springer VS, Springer Medizin, Springer Spektrum, Springer Vieweg und Springer Psychologie.

Thomas Höhne

Ökonomisierung und Bildung

Zu den Formen ökonomischer Rationalisierung im Feld der Bildung

Thomas Höhne
Helmut-Schmidt-Universität
Hamburg
Deutschland

ISSN 2197-6708 ISSN 2197-6716 (electronic)
essentials
ISBN 978-3-658-08973-3 ISBN 978-3-658-08974-0 (eBook)
DOI 10.1007/978-3-658-08974-0

Die Deutsche Nationalbibliothek verzeichnet diese Publikation in der Deutschen Nationalbibliografie; detaillierte bibliografische Daten sind im Internet über http://dnb.d-nb.de abrufbar.

Springer VS

Gedruckt auf säurefreiem und chlorfrei gebleichtem Papier

Springer Fachmedien Wiesbaden ist Teil der Fachverlagsgruppe Springer Science+Business Media (www.springer.com)

Was Sie in diesem Essential finden können

- Eine historische Rekonstruktion des Ökonomisierungsdiskurses seit Mitte des 19. Jahrhunderts
- Welche Definitionen von Ökonomisierung sowie welche begriffliche Alternativen existieren
- Worin sich der Neoliberalismus vom klassischen Liberalismus unterscheidet und was das mit Ökonomisierung zu tun hat
- Worin die Spezifik ökonomisierender Veränderungen besteht und welche Merkmale sich für Ökonomisierung angeben lassen
- An Fallbeispielen wird gezeigt, wie sich das Bildungssystem durch Ökonomisierungsprozesse strukturell verändert

Vorwort

Ökonomisierung ist zu einem zentralen Schlagwort avanciert, mit dem eine Kritik an der Expansion ökonomischen Denkens und Handelns in ganz unterschiedliche gesellschaftliche Bereiche zum Ausdruck gebracht wird – nicht zuletzt auch in den Bildungsbereich. Die These der Ökonomisierung stellt zum einen eine politische Reaktion auf das sich wandelnde Verhältnis von Staat/Politik, Ökonomie und Gesellschaft dar. Zum anderen findet sich die Diagnose der Ökonomisierung auch im wissenschaftlichen Diskurs in ganz unterschiedlichen Disziplinen, um Formen systemischer Entdifferenzierung, organisationaler Veränderungen etwa durch New Public Management oder neuer Formen der Selbstbeschreibung (z. B. ‚Selbstunternehmer') zu analysieren. Die verschiedenen Formen und Ebenen von Ökonomisierung werden im vorliegenden Text ausführlich behandelt, der an meinen Beitrag „Ökonomisierung von Bildung" aus dem Handbuch „Soziologische Bildungsforschung" (Hrsg. von Ulrich Bauer et al. 2012) anschließt. Die beiden Texte ergänzen sich insofern, als im Handbuchartikel vor allem unterschiedliche Erklärungsansätze zur Ökonomisierung vorgestellt wurden, während im vorliegenden Text der Akzent auf die historische Rekonstruktion des Ökonomisierungsdiskurses (Kap. 3), die analytische Bestimmung von Ökonomisierung (Kap. 4) sowie die Darstellung ökonomisierender Praktiken im Feld der Bildung anhand von Fallbeispielen (Kap. 5) gelegt wird.

Inhaltsverzeichnis

Ökonomisierung – eine umstrittene Diagnose

1

Ökonomisierung ist eine Zeitdiagnose, an der sich die Geister scheiden. Für die einen ist es das Label für eine radikale und umfassende ‚feindliche Übernahme' der Gesellschaft durch die Ökonomie. Für die anderen stellt Ökonomisierung nicht mehr als einen politischen Kampfbegriff dar, mit dem notwendige Reformen verhindert werden (sollen). So bezeichnet etwa Elmar Tenorth die bildungspolitische Ökonomisierungskritik als „Milchmädchenrechnung" und wirft Ökonomisierungskritiker_innen pauschal vor, sie seien „gefangen in den alten Formeln" und „blind gegenüber der tatsächlichen Praxis und den Möglichkeiten der aktuellen Bildungsreform" (Tenorth 2005). Schlichtweg „falsch" sei es, Evaluation, Akkreditierung, Leistungsorientierung, Schulprofile usw. mit Ökonomisierung gleichzusetzen: „Bedeutet das alles ‚Ökonomisierung', also die Einführung eines fremden Prinzips in die Bildungseinrichtungen?" „Nein", lautet die trotzige Antwort, denn die Kontrolle läge in den Händen der Bildungseinrichtungen selbst (Tenorth 2005).

Gegenkritik dieser Art verweist auf unterschiedliche, dem Ökonomisierungsdiskurs unterliegende Narrative, in denen die Rollen von Gut und Böse relativ klar verteilt zu sein scheinen. Während die Ökonomisierungskritik zumeist auf den Staat als letztinstanzliche ‚Exit-Option' und Alternative zur Ökonomisierung zurückgreift, wird er in der Erzählung der Gegenkritik zum Leviathan zentralisierter Kontrolle gemacht. So bemüht Tenorth nicht umsonst die mythische Erzählung liberaler Staatskritik, wenn er an die Adresse der vermeintlich ‚ewig gestrigen' Bildungsreformgläubigen die Frage richtet: „Wollen die Kritiker etwa wieder den Staat als Monopolisten der Kontrolle?" (Tenorth 2005).

Ein kritischer Blick auf diese *mythisch-narrative Struktur* des Ökonomisierungsdiskurses macht zumindest deutlich, dass die Analyse von Ökonomisierungs-

T. Höhne, *Ökonomisierung und Bildung*, essentials,
DOI 10.1007/978-3-658-08974-0_1

prozessen notwendig Staat, Politik und deren Wandel seit den 1980er Jahren kritisch in den Blick nehmen muss. Und um die Erzählung, ob nun in der einen oder anderen Variante, nicht mythisch fortzuspinnen und die Reichweite der Kritik an Ökonomisierung zu bestimmen, muss auch das metaphorische Repertoire des Ökonomisierungsdiskurs dekonstruiert werden, das in den spezifischen Eroberungsphantasien mitschwingt: Metaphern wie ‚Kolonisierung', ‚feindliche Übernahme', ‚Eroberung' oder der ‚Terror' durch die Ökonomie reproduzieren den Mythos einer gewaltsamen Besetzung eines Landes durch ‚fremde Truppen', welcher der Komplexität und der politischen Vermittlung von Ökonomisierung nicht gerecht wird.

Ökonomisierungsdiskurse: Problemaufriss und begriffliche Unterscheidungen

2

Ich möchte im Folgenden einen problemorientierten Einstieg in den Ökonomisierungsdiskurs vornehmen. Ausgehend von einigen Standarddefinitionen soll das gängige Ökonomisierungsverständnis problematisiert werden, um daran die theoretisch wichtigen Fragen aufzuzeigen, die mit Ökonomisierung verbunden sind. Prozesse der Ökonomisierung werden in ganz unterschiedlichen sozialen Bereichen beobachtet: Neben Bildung (Höhne 2012a; Lohmann 2010; Radtke 2009; Graßl 2008; Paulo Freire Zentrum/Österr. HochschülerInnenschaft 2005; Kessl 2002; Hoffmann und Maak-Rheinländer 2001) wird Ökonomisierung auch in Politik und Wissenschaft festgestellt (Pelizzari 2001; Hoffmann und Neumann 2003), im Gesundheitsbereich (Bauer 2006), in der sozialen Arbeit (Spatscheck et al. 2008) sowie auf der Ebene des Subjekts als Ökonomisierung des Selbst (Voß 2000; Bröckling 2007). Einzelne Bereiche übergreifend wird Ökonomisierung für die gesamte Gesellschaft bis auf die Weltsystemebene (Krönig 2007; Münch 2009) bzw. für ‚das Soziale' schlechthin als bedeutsame und umfassende Transformation seit den 1980er Jahren angesehen (Bröckling et al. 2000).

Ökonomisierung bezeichnet zumeist einen Veränderungsprozess, mit dem „der zunehmende Einfluss der Ökonomie auf das Denken und Handeln von Individuen und Organisationen in verschiedenen sozialen Subsystemen" beschrieben wird (Löffler 2003, S. 19; Bellmann 2001, S. 387; Krönig 2007; Pelizzari 2001). Nach Uwe Schimank und Ute Volkmann definiert „Ökonomisierung einen Vorgang, durch den Strukturen, Prozesse, Orientierungen und Effekte, die man gemeinhin mit einer modernen kapitalistischen Wirtschaft verbindet, gesellschaftlich wirkmächtig werden" (Schimank und Volkmann 2008, S. 382). Die „Ökonomisierung nicht ökonomischer Gesellschaftsbereiche" führe zu einer „Aufwertung ökonomi-

T. Höhne, *Ökonomisierung und Bildung*, essentials,
DOI 10.1007/978-3-658-08974-0_2

scher Handlungsprinzipien etwa in der Kunst, im Journalismus, im Gerichtswesen oder in den Hochschulen" (Schimank und Volkmann 2008).

Gegenüber der These einer Hegemonie der Ökonomie wird im kritischen Sozialstaatsdiskurs hervorgehoben, dass Ökonomisierung unmittelbar mit dem „neoliberalen Wohlfahrtsstaatsabbaus" zusammenhänge und als „neue Form sozialer Regulierung" zu begreifen sei (Kessl 2002, S. 1118 f.). Mit dieser Akzentuierung werden Staat(lichkeit), die Form der Politik als eine zentrale Dimension von Ökonomisierung in den Vordergrund gerückt. Diese These lässt sich mit Blick auf Bildung noch zuspitzen: *Ökonomisierung verweist grundlegend auf ein sich wandelndes Verhältnis von Staat/Politik, Ökonomie, (Zivil-)Gesellschaft und Bildung*. Damit lässt sich nun das Ziel der Analyse von Ökonomisierungsprozessen deutlicher formulieren: Es liegt in der *politischen Regulation und Vermittlung ökonomischer Elemente, Theoreme, Diskurse usw. in nicht-ökonomische Bereiche, was zugleich mit (zivil-)gesellschaftlichen Veränderungen einhergeht*. Der Fokus der Analyse liegt hierbei auf neuen Formen der Vermittlung und Steuerung, bei denen vormals getrennte Logiken in hybriden Formen der Regulierung kombiniert werden – etwa wenn politische, privatwirtschaftliche und zivilgesellschaftliche Akteure gemeinsam bildungspolitisch agieren (Höhne 2013b, S. 245 f.; Höhne 2014; Wexler 1999).

Wenn von Ökonomisierung die Rede ist, dann beinhaltet dies in der Regel qualitativ und quantitativ übergreifende und grundlegende Veränderungen. Damit stellt sich die Frage nach den Merkmalen von Ökonomisierung, der theoretischen Reichweite des Ökonomisierungskonzepts und den Phänomenen, die damit erklärt werden können. Dies ist umso wichtiger, als der Ökonomisierungsbegriff das Ergebnis des Wandels, den er thesenhaft unterstellt, schon immer in gewisser Weise als gegeben voraussetzt. Damit ist auch die Frage nach den Grenzen von Ökonomisierung berührt. Denn Thesen wie die „Ökonomisierung der Gesellschaft" (Krönig 2007; Schimank und Volkmann 2008) oder die „Generalisierung der ökonomischen Form" (Bröckling et al. 2000, S. 16) legen die Grenzenlosigkeit ökonomisierender Transformationen nahe und lassen die wichtige Frage nach dem ‚Außen' dieser Transformation bzw. nach den Durchsetzungs- und Vermittlungsformen entstehen, wie dies etwa Klaus Dörre in seinem Landnahmekonzept deutlich gemacht hat (Dörre 2009).

Ein Panoramablick auf die weitläufige Landschaft des Ökonomisierungsdiskurses lässt insgesamt vier Verwendungsweisen von Ökonomisierung erkennen:

1. Ökonomisierung wird als *analytisches Konzept* verwendet, um einen ökonomisierenden Transformationsprozess außerökonomischer Bereiche/Felder/Systeme/Organisationen zu bezeichnen, wie einleitend in den Definitionen aufgezeigt wurde (vgl. auch Höhne 2012, S. 799 ff.). So wird Ökonomisierung oft system- bzw. differenzierungstheoretisch als Entdifferenzierung interpretiert (Richter

2009; Schimank und Volkmann 2008; Krönig 2007) oder fungiert als Oberbegriff für eine Reihe ähnlicher Begriffe wie Kapitalisierung, Kommodifizierung, Kommerzialisierung oder Privatisierung.

Richard Münch etwa greift auf den Begriff der „Kapitalisierung“ von Bildung zurück, um eine gezielte Wertsteigerung von Bildungskapital sowie die Konvertierbarkeit unterschiedlicher Kapitalsorten untereinander zu bezeichnen, bei der Bildung als kulturelles Kapital primär zum Tauschmittel gemacht wird (Münch 2010). Reinhold Sackmann seinerseits definiert ‚Kommodifizierung‘ in Anlehnung an Karl Polanyi als einen ökonomischen Prozess, „bei dem eine Dienstleistung oder ein Gegenstand zu einem marktwirtschaftlich gehandelten Gut wird bzw. ein Akteur sein Handeln zunehmend am Gewinn orientiert“ (Sackmann 2004, S. 66). Ingrid Lohmann spricht von der „Kommerzialisierung der Bildung“ und hebt damit hervor, dass „*Markt* die Chiffre für tiefgreifende, weltweite Transformationsprozesse in den Beziehungen zwischen Ökonomie, Politik und Kultur“ sei, bei der nicht demokratisch legitimierte transnationale „Marktinstitutionen“ wie OECD, WTO oder Weltbank zunehmend bildungspolitische Entscheidungen konstitutiv beeinflussten (Lohmann 2010, S. 138 f.).

Nicht nur transnationale Akteure, die nicht demokratisch legitimiert sind, sondern auch private Akteure wie Unternehmen oder Stiftungen werden zunehmend durch staatliche Akteure bildungspolitisch ermächtigt, womit einer schleichenden Privatisierung von Bildung Vorschub geleistet wird. In diesem Sinne wird für einen erweiterten Privatisierungsbegriff plädiert, der über formaljuristische Definitionen (formelle, funktionale und materielle Privatisierung) hinaus auch die unterschiedlichen politischen Steuerungsmittel wie etwa die Einführung managerialer Elemente oder New Public Management in den Blick nimmt wie auch die subtilen Formen privater Mit-Steuerung, durch welche die Infrastruktur einer Bildungsorganisation von innen heraus verändert und die Grenzen zwischen ‚privat‘ und ‚öffentlich‘ verschoben werden (Jansen et al. 2007, S. 25; Klausenitzer 2004, S. 151).

2. Mit Ökonomisierung als *kritischem Begriff* werden die negativen Effekte entsprechender Veränderungen herausgestellt. Dazu gehören u. a. die folgenden Kritikpunkte: Die Bedrohung der Autonomie gesellschaftlicher Felder, Systeme oder Organisationen durch eine ökonomisierende Umformung des systemeigenen Codes bzw. der feldeigenen Logik (Schimank und Volkmann 2008), die deprofessionalisierenden Wirkungen von Ökonomisierungsprozessen in Bildungsorganisationen (Tacke 2005), die zunehmende Ungleichheit durch die Entstehung von Bildungsmärkten und die Wettbewerbsorientierung (Lohmann 2010), der zunehmende Einfluss privater Akteure (Höhne 2013; Liesner 2011), die Entstehung von Quasi-Märkten als Folge von Schulautonomie und Segmentierung von Bildungsinstitutionen (Radtke und Weiss 2000; Weiß und Steinert 2000), der zunehmende

Leistungs- und Selektionsdruck auf Schüler_innen als auch der erhöhte Entscheidungsdruck auf Seiten der Eltern (Merkle/Wippermann 2008), der Rückzug des Staates aus der finanziellen und politischen Verantwortung für eine Gleichwertigkeit von Lebens- und Bildungsverhältnissen und der Ermöglichung von Chancengleichheit (Höhne und Schreck 2009), die Privatisierung von Bildungskosten wie Studiengebühren oder die (teilweise) Abschaffung der Lehrmittelfreiheit sowie die Eliteorientierung im Schul- und Hochschulbereich, wie sie etwa in Exzellenzinitiativen im Hochschulbereich zum Ausdruck kommt (Hartmann 2007).

3. In Form der *Kritik der (Ökonomisierungs-)Kritik* lassen sich im Ökonomisierungsdiskurs zwei Richtungen unterscheiden. (a) Die eingangs erwähnte polemische Aussage stellt den Ökonomisierungsbegriff pauschal unter Ideologieverdacht; (b) Die theoretisch-wissenschaftliche Kritik ist demgegenüber um eine begriffliche Differenzierung bemüht, mit der die Schwächen des Ökonomisierungsbegriffs als auch sein analytisches Potential deutlich gemacht werden. Zusammengefasst lautet etwa die Kritik von Uwe Schimank, dass die Ökonomisierungskritik oft bei der Diskursanalyse stehenbleiben würde, zumeist nur isolierte Betrachtungen von Einzelphänomenen anstellen und keine ausreichende Analyse der Auswirkungen von Ökonomisierung durchführen würde (Schimank 2008, S. 622 f.). Zudem mangele es an einem analytischen Konzept (Kessl 2002, S. 1125) und es werde mit dem Ökonomisierungsbegriff in der Regel das Verhältnis von Bildungs- und Wirtschaftssystem theoretisch ausgeblendet (Barz 2010, S. 151). Die theoretische Herausforderung besteht aber genau darin, Ökonomisierung als Hinweis auf eine *grundlegend veränderte Beziehung von Bildung, Staat/Politik, Gesellschaft und Ökonomie* zu verstehen und etwa im Rahmen einer neuen Politischen Ökonomie der Bildung theoretisch zu beschreiben.

Schließlich wird auch die buchstäblich undifferenzierte im Sinne von differenzloser Verallgemeinerung von Ökonomisierung als Catch-all-Begriff kritisiert (Distelhorst 2014, S. 93 ff.), wie sie zuweilen die differenzierungstheoretische Sicht nahe legt:

> Ökonomisierung wäre aus dieser Sicht eine Implosion gesellschaftlicher Komplexität, da sie eine hoch differenzierte Konstellation sozialer Systeme entlang einer Linie ausrichtet, durch einen uniformen Code gleichschaltet und auf diese Weise schließlich den funktionalen Zusammenbruch des Gesamtsystems herbeiführt (Distelhorst 2014, S. 94).

Die Warnung lautet also: Die Diagnose der Ent-Differenzierung sozialer Systeme oder Felder durch Ökonomisierung nicht durch die These umfassender ‚ökonomischer Gleichschaltung' zu depotenzieren und die theoretischen Möglichkeiten und Grenzen des Ökonomisierungsbegriffs zu bestimmen.

4. Schließlich wird Ökonomisierung noch als *positiver Begriff* in der Bedeutung der *Rationalisierung von Arbeit und Produktion* verwendet. Dieser Nexus von Ökonomisierung und Rationalisierung, stellt die grundlegende Frage nach dem *inneren Zusammenhang von Ökonomisierung und Rationalisierung*. Zur Beantwortung dieser Frage ist ein historischer Blick auf den Ökonomisierungsdiskurs notwendig, der sich bis in die Mitte des 19. Jahrhunderts zurückverfolgen lässt – und der weitere begriffliche Differenzierungen für ein Ökonomisierungskonzept liefert.

3 Die historische Entwicklung des Ökonomisierungsdiskurses

Der Ökonomisierungsdiskurs hat eine Vorgeschichte, bei der drei Punkte für eine systematische Betrachtung wichtig sind: 1) Die Position, dass Ökonomisierung ein zentrales Moment kapitalistischer Dynamik darstellt, reicht bis ins 19. Jahrhundert zurück; 2) In Anschluss an Max Webers Erklärungsmodell okzidentaler Rationalität bzw. Rationalisierung stellt sich die Frage nach dem Verhältnis von ‚Rationalisierung' und ‚Ökonomisierung'; 3) In aktuellen Diagnosen wird die These vertreten, dass Ökonomisierung im Kontext des neoliberalen Projekts zu einem umfassenden politischen Projekt (gemacht) wurde und wird.

3.1 Ökonomisierung als Moment kapitalistischer Dynamik

Mitte des 19. Jahrhunderts in Zeiten des industriegesellschaftlichen Umbruchs und des aufkommenden Industriekapitalismus bildete sich zum ersten Mal ein Diskurs der Wert- und Effizienzsteigerung von Arbeit heraus – und zeitgleich auch der radikalen Kritik daran, wie sie Karl Marx und Friedrich Engels vorgebracht haben (Manzeschke 2011). So wies John Stuart Mill in seinem 1848 erschienenen Buch *Principles of Political Economy* darauf hin, dass die Ökonomisierung eine Folge permanenter Produktivitätssteigerung und maschineller Produktion sei, die zielgerichtet eingesetzt werden könne. Er spricht von der ‚Ökonomisierung der Arbeit' (‚to economize labour') als produktionssteigerndem Moment und bezieht sich dabei auf das von Charles Babbage 1832 in seinem Buch *On the Economy of Machinery and Manufactures* dargelegte Prinzip, nach dem die Aufspaltung des Arbeitsprozesses in Teileinheiten die Möglichkeit einer Lohnkostensenkung zur

T. Höhne, *Ökonomisierung und Bildung*, essentials,
DOI 10.1007/978-3-658-08974-0_3

Folge habe, wenn damit eine unterschiedliche Entlohnung einher gehe (Manzeschke 2011, S. 71; Littek et al. 1982, S. 50). Damit wird historisch zum ersten Mal der zentrale Zusammenhang von fortschreitender Technologisierung und Segmentierung der Arbeit (‚Arbeitsteilung') auf der einen Seite *und* gleichzeitiger Differenzierung bzw. Senkung der Löhne auf der anderen Seite formuliert, der bis heute ein Strukturprinzip kapitalistischer Arbeitsteilung und damit der Ökonomisierung von Arbeit darstellt (z. B. Outsourcing).

Marx und Engels zielen zeitgleich mit ihrer Ökonomisierungskritik zum einen auf die technische Seite der „Ökonomisierung der Produktionsmittel" (Marx und Engels 1972, S. 486), bei der die „Vervollkommnung der Maschinerie" zur „Überflüssigmachung von Menschenarbeit" führe (Marx und Engels 1973, S. 217). Zum anderen kritisieren sie aber auch die individuellen und sozialen Effekte einer steigenden Anzahl „disponibler Lohnarbeiter" und die Entstehung einer „vollständig industriellen Reservearmee":

> So kommt es, dass die Ökonomisierung der Arbeitsmittel von vornherein zugleich rücksichtsloseste Verschwendung der Arbeitskraft und Raub an den normalen Voraussetzungen der Arbeitsfunktion wird: daß die Maschinerie, das gewaltigste Mittel zur Verkürzung der Arbeitszeit, umschlägt in das unfehlbare Mittel, alle Lebenszeit des Arbeiters und seiner Familie in disponible Arbeitszeit für die Verwertung des Kapitals zu verwandeln; so kommt es, daß die Überarbeitung der einen die Voraussetzung wird für die Beschäftigungslosigkeit der anderen und dass die große Industrie, die den ganzen Erdkreis nach neuen Konsumenten abjagt, zu Hause die Konsumtion der Massen auf ein Hungerminimum beschränkt und sich damit den eigenen inneren Markt untergräbt (Marx und Engels 1973, S. 217, Hervorh. TH).

Seit Beginn des 20. Jahrhundert werden im Kontext des aufkommenden Taylorismus betriebliche Kosteneinsparungen im Bereich von Arbeit und Produktion als ‚Rationalisierung' bezeichnet. Damit ist ein *innerer Zusammenhang von Ökonomisierung und Rationalisierung* insofern angezeigt, als „die Rede von ‚Ökonomisierung' ein Moment von Rationalität" beinhaltet, „das der Rationalitätssemantik der Zweck-Mittel-Rationalität entlehnt ist" (Kettner 2011, S. 6).

3.2 Ökonomisierung und Rationalisierung

Ende des 19. Jahrhunderts konstatiert Max Weber eine allgemeine und verstärkte öffentliche Aufmerksamkeit gegenüber der Ökonomie sowie deren institutionelles Einsickern in nicht-ökonomische Bereiche, denn

> auf allen Gebieten finden wir die ökonomische Betrachtungsweise im Vordringen. Sozialpolitik an Stelle der Politik, ökonomische Machtverhältnisse an Stelle der Rechtsverhältnisse, Kultur- und Wirtschaftsgeschichte an Stelle politischer Geschichte treten in den Vordergrund der Betrachtung (Weber 1895, 1921, S. 21).

Diese Zweck-Mittel-Rationalität bildet nach Weber die gemeinsame Grundlage staatlicher Bürokratien und des modernen Unternehmens, die er beide als „Betrieb" bezeichnet (Weber 1921, 1964, S. 825). Vor diesem Hintergrund ist die historische Durchsetzung einer bestimmten Form der Vernunft bzw. Rationalität – etwa in Gestalt der kalkulierenden, systematisch planenden und kontrollierenden Vernunft – auch immer ein *potentielles Mittel der Ökonomisierung*, auch wenn sie erst mit dem Aufstieg der modernen warenproduzierenden Marktgesellschaft und des Industriekapitalismus realisiert wurde und eine „kapitalistische Rationalisierung" (Littek et al. 1982, S. 41 f.) ermöglichte, die auf der „formell freien Lohnarbeit" und der Entstehung „eines vom persönlichen Vermögen rechtlich abgetrennten Kapitals" beruht (Littek et al. 1982).

In rationalitätstheoretischer Sicht wird deutlich, dass Ökonomisierung als die Ausbreitung ökonomischen Wissens und Handelns in eine *umfassendere gesellschaftliche Rationalisierung eingebettet* ist, die mit unterschiedlichen Veränderungen einhergeht: Mit der Entstehung der neuzeitlichen Wissenschaft (Experiment), der Mathematisierung des Wissens im europäischen Rationalismus, aber auch der biographischen Rationalisierung auf Grundlage einer protestantisch-säkularen Arbeitsethik, der Bürokratisierung von Staat und Verwaltung usw. Mit diesen Transformationen setzen sich rationalistische Prinzipien auf unterschiedlichen Ebenen und in mannigfachen Formen durch, die auch aufeinander einwirken. So haben etwa Unternehmen im Zuge der Taylorisierung der Produktion zu Anfang des 20. Jahrhunderts Strukturen „bürokratischer Rationalität" übernommen (Littek et al. 1982, S. 58), um die Effizienz zu steigern, während sich seit den 1990er Jahren die Richtung gleichsam umgekehrt hat und der Staat im Zuge politischer Reformen auf unternehmerische Prinzipien zurückgreift.

Diese umfassenden Veränderungen haben Adorno und Horkheimer als die Durchsetzung und Dominanz instrumenteller Rationalität beschrieben, die sie als eine totalitäre Form von Aufklärung begreifen (Adorno und Horkheimer 1998, S. 22). Denn sie bringe eine Dialektik von Wissen und Macht hervor, die in neue Formen von Irrationalität und Mythologie zurückfalle wie die der umfassenden „Berechenbarkeit der Welt". Hierbei spreche „die mythologisierende Gleichsetzung der Ideen mit Zahlen in Platons letzten Schriften die Sehnsucht aller Entmythologisierung aus: die Zahl wurde zum Kanon der Aufklärung" (Adorno und Horkheimer 1998, S. 23), die in Bacons Entwurf der ‚una scientia universalis' oder in ‚Leibniz' ‚mathesis universalis' die neue Fluchtlinie aller Erkenntnis bildet. Mit ihrer These, dass die bürgerliche Gesellschaft vom Äquivalent beherrscht sei, wodurch „Ungleichnamiges komparabel" gemacht werde, „indem sie es auf abstrakte Größen reduziert" (Adorno und Horkheimer 1998, S. 23 f.), ziehen die Autoren eine direkte Linie zwischen Staat, Gesellschaft und Ökonomie: „Dieselben Gleichungen beherrschen die bürgerliche Gerechtigkeit und den Warentausch" (Adorno und Horkheimer 1998). Mit der umfassenden Rationalisierung, so die These, setzt sich ein identisches Prinzip der Äquivalenzsetzung heterogener Eigenschaften und Gegenstände in Wissenschaft und Ökonomie durch, das schließlich auch die gesamte Alltagskultur durchdringe und als „Kulturindustrie" dominiere.

Die rationalisierungstheoretische Perspektive liefert für die Betrachtung von Ökonomisierung eine zweifache Differenzierung: 1. Ökonomisierung ist historisch als kapitalistische Rationalisierung von Ökonomie, Arbeit und Produktion und zugleich als Teil einer umfassenderen gesellschaftlichen Rationalisierung zu begreifen (Peetz 2014, S. 49); 2. Die ökonomische Rationalität ist eine Form von Rationalität (‚homo oeconomicus'), die von anderen Formen wie ‚bürokratischer Rationalität' oder ‚wissenschaftlicher Rationalität' zu unterscheiden ist.

Mit Bezug auf Michel Foucaults Untersuchung zur Genese moderner Disziplinarformen lässt sich eine weitere, für die Analyse von Ökonomisierungsprozessen wichtige *machttheoretische Differenzierung* gewinnen. Denn seine Untersuchungen zur Entstehung der modernen Disziplinarinstitutionen wie Militär, Schule und Fabrik haben gezeigt, dass diese eine eigene Form der „Disziplinarindividualität" (Foucault 1994, S. 244) hervorgebracht haben. Es sei nicht alleine die bürgerliche, warenproduzierende Gesellschaft gewesen, welche vom Individuum als abstrakter, atomistischer (Markt-)Teilnehmer (homo-oeconomicus-Figur) ausginge, obwohl „das Individuum zweifellos das fiktive Atom einer ideologischen Vorstellung der Gesellschaft" sei, „es ist aber auch eine Realität, die von der spezifischen Machttechnologie der ‚Disziplin' produziert wird" (Foucault 1994, S. 249 f.). Es handelt sich um eine Variante der von Foucault so bezeichneten Pastoralmacht als moderner staatlicher Regierungsform, denn man könne den modernen Staat als eine „Individualisierungs-Matrix oder eine neue Form der Pastoralmacht" bzw. als „eine verwickelte Kombination von Individualisierungstechniken" begreifen (Foucault 1994a, S. 249).

Damit ist neben a) der rationalistischen Überdeterminierung moderner Ökonomie und b) der Heterogenität von Rationalisierungsformen und deren Vermittlung nun c) die genuine Verknüpfung mit unterschiedlichen individualisierenden Machtformen in Gestalt moderner Disziplinarinstitutionen als drittes Kriterium für die Analyse von Ökonomisierungsprozessen gegeben. Welche Wirkung Individualisierungspraktiken und -diskurse entfalten können, zeigt beispielhaft das aktuelle Leitbild des ‚homo oeconomicus', der in der Variante des ‚unternehmerischen

Selbst‘ (Bröckling 2007) zum Ausdruck kommt. Es speist sich aus mehreren Quellen, denn neben den explizit ökonomischen Zielen der ökonomischen (Leistungs- und Wert)Steigerung des Selbst oder Bezeichnungen wie ‚Ich-AG‘ sind es auch pädagogische Formen und Anrufungen, über die das Individuum zur kontinuierlichen Selbstoptimierung angehalten wird.

So auch im politischen Programm des lebenslangen Lernens, das seit Mitte der 1990er Jahre als neue Stufe der Rationalisierung des Selbst gelten kann (Kossack 2013). Denn lebenslanges Lernen stellt nicht nur ein pädagogisches Lernkonzept dar, sondern auch ein allgemeines, auf die individuelle Flexibilisierung von Arbeitsanforderungen zielendes Entwicklungsparadigma der Selbst-Adaption im Arbeits- und Produktionsbereich. Angesiedelt an der Schnittstelle von Bildungs- und Beschäftigungssystem, bildet es die bildungspolitische Antwort auf die Segmentierung von Arbeitsmärkten sowie eine verstärkte Entkopplung beider Systeme. Mit dieser Strategie der „Pädagogisierung der Reproduktion der Arbeitskraft“ (Atzmüller 2014, S. 168), ist es möglich, gesellschaftliche Veränderungen, neue Arbeitsanforderungen und Probleme „in pädagogische Fragen zu übersetzen und damit zu Problemen der Bildung und Qualifizierung sowie der Lernfähigkeit der Arbeitskräfte zu machen“ (Atzmüller 2014).

Diese pädagogisierende ‚Übersetzung‘ ist ein Beispiel für die pädagogische *Vermittlung ökonomischer Elemente* (Beschreibungsformen, Wissen, Handlungsstrategien usw.) in den Bereich Arbeit und Produktion, da durch sie *Strukturprobleme* zu *individuellen Problemen* und damit zu individuellen Problemlösungen umkodiert werden. Die Pädagogik – wie auch die Psychologie – stellt hierfür zahlreiche Rationalisierungen bereit: Erwerb von Kompetenzen, Selbstorganisiertes Lernen, ressourcenorientierte Bewältigungsstrategien, Resilienz usw. Pädagogische Formeln dienen insofern als ‚diskursives Schmiermittel‘, als sie harte ökonomische Anforderungen in subjektnahe ‚softe‘ Ermöglichungssemantiken kleiden, die jedes Strukturproblem zu einer individuellen ‚Herausforderung‘ machen (Höhne 2012b). Diese individualisierende Adressierung der Flexibilitätsverantwortung ruft die Individuen als Kompetenzsubjekte an, über die das individuelle Können gegenüber dem ökonomischen Müssen herausgekehrt wird.

Rationalisierungstheoretisch kann zudem gezeigt werden, dass sich durch Ökonomisierung die bereichsspezifischen Grenzen unterschiedlicher Rationalitätsformen verschieben – etwa im Bereich politischen Handelns. So weist Frank Olaf-Radtke darauf hin, dass sich durch die Ökonomisierung der Politik das „im Sozialstaatskompromiss eingespielte Verständnis von Wert- und Zweckrationalität“ (Radtke 2009, S. 625) verändert habe. Denn es lässt sich eine Hierarchisierung politischer Handlungslogiken zugunsten einer Zweckrationalität beobachten, die entweder als ‚Sachzwang‘ oder ‚evidenzbasierte Daten-Objektivität‘ (Ranking,

Evaluation) auftritt und wertrationale Bezüge (z. B. Gleichheit, Solidarität, Kooperation) relativiert oder umwertet: Diese *Umwertung der Werte* bzw. das Primat zweckrationaler Setzungen ist ein wesentliches Merkmal von Ökonomisierungsprozessen auch im Bildungsbereich.

Zwei Effekte sind hierbei beobachtbar: Zum einen werden Bildungssysteme zunehmend datenbasiert über Indikatoren und standardisierte Tests zentralisiert ‚ferngesteuert', die im Bildungssystem eine analoge Funktion zu Kennziffern im Unternehmen einnehmen können. Hier zeigt sich der enge Zusammenhang von Ökonomisierung und Kontrolle, die auf die Steigerung von Effizienz oder Effektivität zielen kann. Diese Standardisierung von Daten und Indikatoren in puncto Vergleichbarkeit, Evidenz, quantitativer Ausrichtung und Outputorientierung korreliert mit einer *sozialen Ent-Standardisierung*, durch die etwa (Chancen-)Gleichheit als Form der ‚Gleichmacherei' und als ungerecht diskreditiert wird. Dabei werden Gleichheit und Gerechtigkeit gegeneinander ausgespielt und Gerechtigkeit auf den Aspekt individualisierter Leistungsgerechtigkeit reduziert (Erler und Höhne 2013).

3.3 Ökonomisierung als neoliberales Projekt

Mit dem Begriff ‚Neoliberalismus' wird seit den 1960er Jahren ein *politisches Projekt* bezeichnet, welches über das klassische liberale Programm hinausgeht (Bröckling et al. 2000a; Vogel 2007; Radtke 2009, S. 623) und genuin mit dem „epochalen Wirtschaftseinbruch" (Willke 2003, S. 31) seit Mitte der 1970er Jahre und der daraus erwachsenen politischen Legitimationskrise zu tun hat. Die Krise des Keynesianismus führt Anfang der 1980er Jahre zu einem folgenreichen politischen Wechsel in den USA (R. Reagan), England (M. Thatcher) und der BRD (H. Kohl), der durch politische Programme staatlicher Deregulierung, Privatisierung, Ausgabenkürzung usw. charakterisiert war. Wesentliche theoretische, wenn auch in der Akzentuierung und Radikalität unterschiedliche Impulse für die neoliberale Programmatik kamen von der Freiburger Schule des Ordoliberalismus (Walter Eucken), der Chicagoer Schule (Milton Friedman), der österreichischen Schule (Ludwig von Mises) und der Humankapitaltheorie Gary Beckers (Bröckling 2007, S. 105; Bank 2005). Dabei wird Neoliberalimus „nicht alleine als ideologische Rhetorik oder als politökonomische Realität aufgefasst, sondern vor allem als ein politisches Projekt, das darauf abzielt, eine soziale Realität herzustellen, die es zugleich als existierend voraussetzt" (Bröckling et al. 2000, S. 9)

Die Neuerung und die Gemeinsamkeit der einzelnen Ansätze besteht in der Forderung des Primats von Markt und Wettbewerb auch in außerökonomischen Bereichen. Diese Tendenz zur Ausweitung wird auch als „Ökonomismus" (Willke 2003, S. 24 f.) bezeichnet. Die unterschiedlichen Vorstellungen reichen hierbei von der Kopplung sozial und wirtschaftspolitischer Ziele über die konsequente gesellschaftliche Verallgemeinerung von Markt und Wettbewerb bis hin zum ‚ökonomischen Imperialismus', durch den der homo oeconomicus zum zentralen gesellschaftlichen handlungsorientierenden Leitbild wird, der in „jeden Winkel und jede Ecke des Lebens" drängt (Miller nach Arentz 1997, S. 84). So stellt der Humankapital-Ansatz eine Radikalisierung insofern dar, als „das Leben zur ökonomischen Funktion" (Bröckling 2007, S. 94) gemacht wird. Gary Beckers „Ökonomischer Imperialismus" unterwirft alle denkbaren sozialen Bereiche und Verhältnisse einer ökonomistischen Logik, denn „Ökonomen können nicht nur über den Bedarf an Autos sprechen, sondern auch über Themen wie Familie, Diskriminierung und Religion, über Vorurteile, Schuld und Liebe" (Becker nach Bröckling 2007, S. 86). Etwa drei Fünftel des persönlichen Einkommens werden Becker zufolge durch das Humankapital und individuelle Fähigkeiten festgelegt (Becker 1975, S. 237). Konsequent lautet daher die These, dass das neoliberale Projekt auf eine umfassende „Generalisierung der ökonomischen Form" ziele (Bröckling et al. 2000, S. 16).

Mit dem damit verbundenen Optimierungsimperativ steht ‚das Leben' und ‚die Gesellschaft' unter dauerhaftem Qualitätsvorbehalt – nicht umsonst findet sich der Qualitätsbegriff in allen sozial-, arbeits- und bildungspolitischen Bereichen als generalisiertes Vorzeichen des permanenten Qualitätschecks – Foucault spricht „vom ständigen ökonomischen Tribunal", mit dem „das Handeln der Regierung nach streng ökonomischen und marktbezogenen Begriffen" beurteilt wird (Foucault 2004, S. 342). Bezogen auf die Bevölkerung werden mit dem humankapitalistischen Zugriff auf den Menschen die biopolitischen Implikationen der Humankapitaltheorie deutlich, die auf eine ständig durch Bildung zu erhöhende Qualität jedes Einzelnen und der Bevölkerung insgesamt zielt (Höhne und Karcher 2014).

In dem Sinne hat nach Becker ein Kind, in das die Eltern nachhaltig investiert haben (Musikunterricht, Nachhilfe, Privatschule usw.), eine hohe bzw. höhere Qualität gegenüber einem Kind, dem dies nicht ‚widerfährt' (Bröckling 2007, S. 91). Humankapitalistisch und biopolitisch werden auch von der OECD individuelle und wirtschaftliche Entwicklungen unmittelbar aneinander gekoppelt, wie der OECD-Bericht „Human Capital –What you know shapes your life" dokumentiert:

> In the global knowledge economy, people's skills, learning, talents and attributes – their human capital – have become key to both their ability to earn a living and to wider economic growth. Education systems can do much to help people realize their potential, but when they fail it can lead to lifelong social and economic problems (Keeley 2007, S. 21).

Die enge Verknüpfung der Steigerung von Bildungsleistungen, Humankapital und ökonomischem Wachstum wird naturgemäß von der OECD seit den 1960er Jahren vertreten und ist nach einer Phase der Ernüchterung seit der Liberalisierung des globalen Freihandels und des verstärkten internationalen Wettbewerbs seit den 1990er Jahren wieder stärker als bildungspolitische Strategie in den Vordergrund getreten.

Ein weiteres anschauliches Beispiel für die Humankapitalisierung des gesamten Lebens liefert Ludwig von Mises, der den zeitökonomischen Aspekt einer ‚produktiven Biographie' hervorkehrt und die „Ökonomisierung als eine prinzipielle Aufgabe des Menschen aufgrund begrenzter Lebenszeit" betrachtet (Manzeschke 2011, S. 76). Mit dieser Anthropologisierung wird der Effizienzgedanke auf die gesamte Lebensspanne des Einzelnen ausgedehnt mit der Tendenz, ökonomische Imperative als individuelle Entwicklungsaufgabe psychologisch bzw. pädagogisch zu kodieren und damit für eine kontinuierliche ‚pädagogisch-ökonomische Bewirtschaftung' der individuellen Lebenszeit zu öffnen (Kossack 2013). „Der Mensch selbst ist dem Zeitablauf unterworfen", formulierte von Mises seinerzeit, um dann die Lebenszeit ressourcenlogisch als knappes ökonomisches Gut zu definieren: „Seine Zeit ist knapp bemessen. Er muss mit ihr wirtschaften", weshalb die „Bewirtschaftung der Zeit" von zentraler Bedeutung für ein effizientes Leben sei (Manzeschke 2011, S. 77).

Die effizienzorientierte Regulierung von Zeit – sei es als Arbeitszeit, Lebenszeit, Bildungszeit, Lernzeit – und deren „Beschleunigung" (Rosa 2010) gehören zum Kern der Ökonomisierung auch im Bildungsbereich, denn die ökonomische Bewirtschaftung der Lern- und Bildungszeit wurde konkret u. a. mit G 8 im Sekundarbereich oder der Verkürzung der Studienzeiten durch die Einführung von Bachelor/Master realisiert. Gesellschaftliche Auseinandersetzungen um Zeit sind ein Phänomen der Moderne, denn seit dem 19. Jahrhundert stellen etwa die Arbeitszeit und der politische Kampf um deren Verlängerung bzw. Verkürzung ein zentrales Element der Klassenauseinandersetzungen dar. Die Verdichtung von Lern- und Bildungszeit wie auch von Bildungsinhalten – Stichwort: ‚Entschlackung' der Lehrpläne – ist politisch umstritten, so dass viele Bundesländer wieder von G 8 abgerückt sind und nur noch als Wahloption daran festhalten.

Vom klassischen Liberalismus unterscheidet sich der Neoliberalismus in zweierlei Hinsicht: a) Er definiert das *Verhältnis von Staat und Ökonomie* neu:

> Anders als in der klassisch-liberalen Rationalität definiert und überwacht der Staat nicht länger die Marktfreiheit, sondern der Markt wird selbst zum organisierenden und regulierenden Prinzip des Staates. Der Neoliberalismus ersetzt ein begrenzendes und äußerliches durch ein regulatorisches und inneres Prinzip: Es ist die Form des Marktes, die als Organisationsprinzip des Staates und der Gesellschaft dient (Bröckling et al. 2000, S. 15)

b) Das zweite wichtige Merkmal des Neoliberalismus ist eine paradigmatische Verschiebung von *Tausch hin zu Wettbewerb*:

> Wenn die Humankapitaltheorie den Menschen als homo oeconomicus modelliert, beschreibt sie ihn im Unterschied zur ökonomischen Klassik nicht als Tauschpartner, sondern als ‚Unternehmer seiner selbst', der für sich selbst ein eigenes Kapital ist, sein eigener Produzent, seine eigene Eigentumsquelle (Foucault nach Bröckling 2007, S. 88).

Wettbewerb wird zum allumfassenden Motor gesellschaftlicher Entwicklungen gemacht – so etwa bei Hayek, der den Wettbewerb als evolutionären Prozess bzw. entdeckendes Verfahren bestimmt (Bröckling 2007, S. 96), wodurch der Gedanke der wettbewerbsinduzierten ‚schöpferischen Zerstörung' für alle sozialen Bereiche gilt, der zuerst von Sombart formuliert und dann von Schumpeter aufgenommen wurde.

Ökonomisierung wird oft differenzierungs- bzw. systemtheoretisch beschrieben (Peetz 2014; Richter 2009; Schimank und Volkmann 2008; Krönig 2007) und ich möchte in Auseinandersetzung mit diesem Ansatz im Folgenden stärker eine konflikttheoretische Perspektive auf Ökonomisierung einschlagen, die mit Bourdieu aus einem feldtheoretischen Ansatz gewonnen werden kann. Sie fungiert vor allem als theoretischer ‚Hintergrund' für eine Reihe von Merkmalen für einen Ökonomisierungsbegriff, die im Anschluss an die historischen Rekonstruktion des Ökonomisierungsdiskurses festgehalten und im folgenden Abschnitt vorgestellt werden.

Merkmale der Ökonomisierung von Bildung

4

4.1 Feldtheoretische Perspektiven auf Ökonomisierung

Das Feld der Bildung besteht aus verschiedenen Unterfeldern wie dem schulischen Feld, dem wissenschaftlichen bzw. akademischen Feld usw. Das analytische Konzept des Feldes nach Bourdieu beinhaltet einige zentrale Merkmale, die hier kurz genannt werden sollen. Zentraler Bestandteil der Felder sind die feldspezifischen Akteure wie etwa Lehrer_innen im schulischen Feld, zu denen weitere Akteure wie Schulleiter_innen, aber auch Eltern, Schüler_innen und nicht zuletzt Bildungspolitiker_innen hinzukommen, die mehr oder minder stark Einfluss nehmen können. Akteure sind mit unterschiedlichem Kapital bzw. Kapitalformen (Qualifikation, Reputation, Hierarchiestatus, soziale Beziehungen) ausgestattet, die ihre Position im Feld bestimmen. Soziale Felder verfügen nach Bourdieu über eine spezifische Handlungslogik, einen ‚Nomos' (Bourdieu 1994, S. 149), der auf der einen Seite als implizites Wissen der feldspezifischen Akteure die Regeln des Handelns bestimmt und auf der anderen Seite auch Konflikte und Auseinandersetzungen um die Regeln beinhaltet.

Fraktionierungen, Auseinandersetzungen und Polarisierungen unterschiedlicher Interessen gehören strukturell zu Feldern, wie etwa die Konflikte um Grundlagen- und Anwendungsforschung im wissenschaftlichen Feld (Bourdieu 1998a, S. 51). Felder verfügen insofern über eine relative Autonomie, als ihnen eine „Brechungsstärke" und „Übersetzungsmacht" (Bourdieu 1998a, S. 19) eigen ist, die es ermöglicht, fremde Logiken zu assimilieren, ohne die feldeigene Handlungslogik aufzugeben. Soziale Felder sind jedoch nach dem Grad ihrer ‚Brechungsstärke' unterschiedlich stark: Der Nomos des ökonomischen Feldes (‚Geschäft ist Geschäft') ist

T. Höhne, *Ökonomisierung und Bildung*, essentials,
DOI 10.1007/978-3-658-08974-0_4

gegen externe Logiken – z. B. moralisch-ethische Standards – stärker immunisiert als etwa die Wahrheits-/Erkenntnisorientierung des wissenschaftlichen Feldes, da der Wert wissenschaftlicher Erkenntnisse gesellschaftlich legitimiert werden muss.

Zwischen den Feldern gibt es also entsprechend ihres Grades an Autonomie eine Hierarchie, die bestimmte Felder potentiell empfänglicher macht für externe Einflüsse als andere Felder. Die Subfelder des Bildungsfeldes sind etwa gegenüber der Ökonomie eher mit einer schwachen Brechungsstärke ausgestattet, da sich etwa der gesellschaftliche Wert von Bildung zwar normativ begründen, aber – gemessen an ‚hard facts' oder Zahlen – deren Output kaum messen lässt (Graßl 2008). Dies hat wiederum zur Folge, dass viele feldexterne Akteure Einfluss auf die Feldlogik nehmen können. Die Einflussnahme ist jedoch nicht direkt, sondern nur vermittelt über Staat und Politik möglich, was mit der politischen Regulation des Bildungsfeldes zusammenhängt, das rechtlich, finanziell, organisatorisch und legitimatorisch nach wie vor von staatlicher Steuerung abhängt.

4.2 Ökonomisierung als komplexe Transformation

Die feldtheoretische Perspektive eröffnet einen Blick auf die Komplexität von Ökonomisierung, die verstanden werden kann als ein vielfältiges Phänomen der Transformation auf verschiedenen Ebenen, die von Feldern, Akteuren und Organisationen auch über Praktiken und Interaktionen bis hin zu Subjektivierungsformen reichen (Höhne 2012a). Die Veränderungen von Wissen, Diskursen und Handlungslogiken sind für Ökonomisierungsprozesse und deren Analyse genauso wichtig wie strukturelle Veränderungen (Hierarchien, gesetzliche Vorgaben) in sozialen Feldern (Kunst, Politik, Medien, Bildung). Ökonomisierung möchte ich somit als eine *nachhaltige Strukturveränderung sozialer Felder definieren, durch die – vermittelt durch Staat und politisch legitimierte Akteure – ökonomische Elemente, Prinzipien, Regeln, Wissen und Diskurse systematisch auf außerökonomische Felder übertragen, in diese übersetzt oder von diesen spezifisch adaptiert und dynamisch an die feldeigene Logik angepasst oder auch widerständig transformiert werden. ‚Ökonomisierung' beschreibt insofern auch eine soziale und politische Arena des Konflikts und der Auseinandersetzung der Akteure um die so bezeichneten Transformationen bzw. Übersetzungen und keine lineare Logik der bloßen Anpassung. Ökonomisierung bezeichnet eine Strukturveränderung der Differenzierung, mit der feldeigene Logiken elementar verändert werden (z. B. explizite Marktstrukturen), sowie der Hybridisierung, wodurch es zu einer Überformung, Integration oder Amalgamierung neuer und alter Handlungslogiken kommt. Historisch wie auch systematisch spielen ökonomische und nicht-ökonomische Rati-*

onalitätsformen zusammen, weshalb Ökonomisierung als eine spezifische Form von Rationalisierung aufgefasst und konzeptualisiert werden muss. Weitergehend möchte ich nun einige zentrale Merkmale von Ökonomisierung bestimmen, zu denen die folgenden gehören:

1. Effizienz: Wie die historische Rekonstruktion deutlich gemacht hat, zeichnet sich Ökonomisierung zunächst einmal durch ein Primat der Effizienz (Aufwand-Ertrags- bzw. Kosten-Nutzen-Relation) aus. Dieses Kriterium der Effizienzorientierung ist hierbei zumeist eng mit dem Rationalitätskriterium der Effektivität (Zweck-Mittel-Relation) gekoppelt in der Weise, dass effektives Denken und Handeln noch einmal semantisch neu kodiert wird: Ein bestimmtes Ziel zu verfolgen und danach die Mittel auszuwählen, ist notwendig, aber nicht mehr hinreichend, wenn dieses Ziel auf einem (kosten-)günstigeren oder optimierbaren Weg im Sinne einer Output-Steigerung erreicht werden kann. Ob die Studienzeit mit dem effektiven Ziel von (Aus)Bildung und Bildungstitel dann in 4 oder 5 Jahren erreicht wird, kann von entscheidender Bedeutung sein, wenn Studienzeiten als Standortfaktor erachtet werden. Salopp lässt sich formulieren: In einem ökonomisierten Bereich (Organisation, System, Feld, Abteilung usw.) bricht Effizienz gleichsam Effektivität. Wird etwa die Vermittlung bzw. die Form der Vermittlung primär zu einem zeitökonomischen Problem gemacht und Wissen(svermittlung) zu einer von Zeit abhängigen Variablen, dann stellt dies ein Indiz für Ökonomisierung dar, durch die professionelle Effektivität eingeschränkt oder relativiert werden kann. Das seit Mitte des 19. Jahrhunderts rigide ökonomische Gesetz der Effizienz und Grundprinzip von Ökonomisierung lautet: Mit weniger Aufwand/Einsatz/Investition mehr Leistung/Output erreichen! Hierbei kommt es durch Ökonomisierung zu einer Umkehrung der ursprünglichen Zweck-Mittel-Bestimmung (Schimank und Volkmann 2008, S. 383), wenn etwa die Wahl für ein Studium zunächst an inhaltlichem Interesse ausgerichtet war, die einen bestimmten Studienort vorsah, aber anhand effizienztheoretischer Überlegungen die Entscheidung für eine andere Uni getroffen wird, welche den Masterstudiengang in vier statt in fünf Jahren anbietet – und damit aufgrund zeitökonomischer Erwägungen inhaltliche Präferenzen relativiert werden.

2. Vermarktlichung: Staat und Politik setzen nicht (mehr) nur Rahmenbedingungen für existierende Märkte, sondern sie schaffen seit den 1990er Jahren durch Veränderungen auf der Ebene politischer Steuerung systematisch Marktstrukturen in bislang noch nicht marktförmig organisierten bzw. dekommodifizierten Feldern, vor allem in der Sozial- und Bildungspolitik. Diese Vermarktlichung nimmt die Form von Quasi-Märkten an, da im Bildungsbereich in der Regel keine expliziten oder vollständigen Märkte existieren (Weiß 2001, S. 70; Sackmann 2004). Marktförmige Strukturen wie Angebot/Nachfrage, Preise/Preissignale, Wettbewerb auf

Quasi-Märkten werden analog zu vollkommenen Märkten simuliert bzw. symbolisch realisiert (Czada 2007), da Quasi-Märkten der geldbestimmte Preismechanismus fehlt. Insofern handelt es sich um symbolische Märkte, auf denen der Preis über entsprechende ‚Signale' symbolisch simuliert und ‚die Ware' symbolisch getauscht wird – etwa wenn Eltern mit viel kulturellem Kapital ihre Kinder auf eine Schule mit gleichermaßen viel kulturellem und symbolischem Kapital (starkes Schulprofil, guter Ruf) geben. Ökonomisches Kapital stellt also nur eine von vielen Kapitalformen auf politisch regulierten Quasi-Märkten dar, die wesentlich über das Wissen, Information und kulturelles, soziales und symbolisches Kapital der Marktteilnehmer_innen gesteuert werden. Das zentrale Mittel ist die Verschärfung der Konkurrenzsituation durch politisch regulierten Wettbewerb, weshalb Quasi-Märkte ein „hybrides Steuerungssystem" darstellen, „das marktwirtschaftliche und staatlich bürokratische Steuerungselemente kombiniert" (Weiß 2001, S. 70). Daher ist es nicht verwunderlich, dass Marktstrukturen dieser Art durch politische Bildungsreformen wie die erweiterte Schulautonomie und die Elternwahl hergestellt werden. Wesentliche Elemente eines Quasi-Marktes sind: Die Mobilisierung eines Nachfragepotentials (Eltern, Studierende), die Ermöglichung einer Anbieter-Autonomie (Schulautonomie), die Etablierung eines Sanktionssystems (Budgetierung, Abstimmung der Kunden ‚mit den Füßen') und die Schaffung eines entsprechenden „Informationssystems" wie Rankings, Evaluationsberichte oder Schulprogramme, die für Markttransparenz sorgen (Weiß 2001, S. 71 f.).

3. *Wettbewerb*: Wettbewerb stellt ein weiteres zentrales Mittel von Ökonomisierung dar, das von staatlich-politischer Seite mittels spezifischer Instrumente wie ‚Rankings', ‚Evaluation' oder ‚New Public Management' in den Bildungsbereich systematisch induziert wird – oftmals bildungspolitisch legitimiert als Mittel von Innovation und Entwicklung. Durch Wettbewerb wird die Knappheit eines Gutes angezeigt, das nicht alle in gleichem Maße erreichen können (Czada 2007). Wie in jedem Feld so herrschen auch im Feld der Bildung feldspezifische Konkurrenzverhältnisse, die sogn. „antiökonomische Ökonomie" (Bourdieu 1998a, S. 27). Diese feldeigenen Wettbewerbsformen außerhalb der Ökonomie sind demnach auch im schulischen und akademischen Feld vorhanden, denn zwischen Schulen, Universitäten oder Weiterbildungseinrichtungen gab es indirekt schon immer eine gewisse Konkurrenz um symbolisches Kapital, also die Reputation und Anerkennung. Diese genuin feldeigenen *kompetitiven Formen erster Ordnung* sind von den darüber hinausgehenden *instrumentellen Formen des ökonomischen Wettbewerbs zweiter Ordnung* zu unterscheiden, die zum Zweck der expliziten Steigerung von Output als politische Strategie eingesetzt werden. In der Verknüpfung beider Wettbewerbsformen liegt ein wichtiger Hebel für die Ökonomisierung von Bildung.

4. Subsidiarisierung: Als Subsididarisierung möchte ich die politische Strategie der systematischen Individualisierung und Zuschreibung von Verantwortung und Aufgaben bezeichnen, die in der Regel ‚von oben nach unten‘ (top-down) delegiert, aber auch ‚von unten nach oben‘ (bottom up) als Recht reklamiert werden kann. Die Zuschreibung von Autonomie und Verantwortung ist stets umkämpft und mit Definitionsmacht verbunden, weil damit Entscheidungen, Erfolge, Mißerfolge und Effekte von Handeln adressiert und Legitimation für zukünftiges Handeln abgeleitet werden. Subsidiarität als normative Zuschreibung von Verantwortung stellt eine liberale politische Strategie dar und kann sich flexibel auf unterschiedliche Größen bzw. Ebenen (Städte, Gemeinden, Regionen) oder Akteure (Individuen, Eltern, Familien, Organisationen) beziehen – in diesem Sinne hat sich die unter Punkt 3.3 erwähnte staatliche ‚Individualisierungsmatrix‘ vervielfacht. So gewährt/delegiert der Staat etwa im Rahmen der Schulautonomiegesetzgebung top-down Verantwortung an die Einzelschule und komplementär dazu Autonomie für die Übergangsentscheidungen an die Eltern, wodurch automatisch Angebots- und Nachfragestrukturen im schulischen Feld geschaffen werden und die Entwicklung von ‚Marktindividualität‘ auf Schul- wie auf Elternseite gefördert wird (Höhne 2013a).

5. Technologisierung: Rankings wie auch Evaluationen gehören zu indikatorenbasierten Bewertungssystemen im Bildungsbereich, die analog zu Kennziffern und Controlling im Unternehmen den Bildungserfolg verzeichnen (sollen), der am Output gemessen wird. Diese großflächige Technologisierung von Bildung geht mit der bildungspolitischen Orientierung an Effizienz zusammen, die nicht nur behauptet, sondern belegt und sichtbar gemacht werden muss (z. B. Evidenz vgl. Bellmann und Müller 2011). Hierbei ist letztendlich die *Steigerung der Produktivität von Bildung* das Ziel. Begriffe wie Evaluation, Evidenz, Indikatoren, Kennzahlen stehen für starke Wirkungsannahmen, den Glauben an deren adäquate quantitative Repräsentation und stellen ein zentrales Rationalisierungsinstrument bildungspolitischer Steuerung dar. Dadurch werden auch das Wissen und die Bildungsentscheidungen der ‚Verbraucher_innen‘ strukturiert. Bei jeder individuellen Entscheidung für oder gegen eine Hochschule, die durch ein Uni-Ranking gesteuert wird, sind marktnahe Informationssysteme von zentraler Bedeutung (league-tables), die auf der Nachfrageseite Wert- und Preissignale vermitteln. Nachfrageorientierte Informationen dieser Art tragen entscheidend zum Funktionieren von Quasi-Märkten bei, auf denen Zahlen, Daten und Indikatoren das symbolische Kapital bilden, die den Wert von Bildung und Bildungsorganisationen repräsentieren (sollen). Ein Beispiel dafür ist die „Shanghai-Weltliga“, bei der durch das gleichnamige Ranking der 500 weltweit besten Universitäten – gemessen u. a. an der Zahl der Nobelpreisträger oder dem Zitationsaufkommen – ein globaler Bildungsmarkt geschaffen wird (Münch 2011, S. 53 ff.).

6. Enteignung: Vor dem Hintergrund, dass Bildung ein öffentliches Gut darstellt, das – im Unterschied zu privaten Gütern – allen in gleichem Maße zugänglich sein muss (Prinzip ‚Nicht-Ausschließbarkeit vom Konsum') und nicht gehandelt werden darf (Prinzip ‚Nicht-Rivalität'), stellt die zunehmende *Privatisierung von Bildung grundsätzlich eine Enteignung* dar. Die unter Punkt 2 genannten Begriffe wie Kommodifizierung, Kommerzialisierung, Kapitalisierung und vor allem Privatisierung als Formen von Ökonomisierung von Bildung betonen vor allem diesen Aspekt der globalen und öffentlichen Enteignung von Bildung und Wissen – ganz im Sinne des ursprünglichen Wortsinnes von ‚privare', was ‚berauben' und auch ‚absondern' bedeutet. Diese ‚exklusive Absonderung' von Bildung beinhaltet unterschiedliche Formen wie etwa die Privatisierung von Bildungskosten, die Zunahme privater Schulen und Universitäten, die Integration privater Akteure in die Bildungssteuerung oder die individuelle und unternehmerische Steigerung des ‚privaten' Humankapitals, wodurch der Tauschwert von Bildung in den Vordergrund rückt. Enteignung ist kein gewaltsamer, sondern schleichender Prozess der schrittweisen Kommodifizierung, durch die öffentliche Bildungsgüter Schritt für Schritt durch die Schaffung von symbolischen und politisch regulierten Quasi-Märkten privatisiert werden, der einen notwendigen ersten Schritt hin zu einem expliziten Bildungsmarkt bedeuten kann.

Die beiden Kriterien des Effizienzprimats und der Vermarktlichung sind als unabdingbare *Kernkriterien* von Ökonomisierung einzustufen, da die primäre Ausrichtung von Handlungen, Logiken, Zielbeschreibungen, Kausalplänen, Steuerungsformen usw. an Effizienz stets zu einer Umkehrung eines ursprünglichen Zweck-Mittel-Verhältnisses führt: Bildung wird zu einem Mittel der Leistungssteigerung und des Standorts- bzw. Wettbewerbsvorteils gemacht. Schließlich führt Ökonomisierung notwendig zu einer Marktlogik bzw. zu einer Form von Vermarktlichung, seien es vollständige oder Quasi-Märkte, auf denen unterschiedliche Kapitalsorten gehandelt und ausgetauscht werden. Die Kriterien Wettbewerb und Subsidiarisierung sind allgemeine, in unterschiedlichen Bereichen geltende *Prinzipien*, die als Instrumente im Rahmen strategischen Handelns eingesetzt werden können, etwa um Quasi-Marktstrukturen zu etablieren. Auch die mit dem Kriterium der Technologisierung verknüpften Kontrollformen sind im Rahmen einer politischen *Strategie* auf der instrumentellen Ebene anzusiedeln und akzentuieren zugleich die epistemischen Veränderungen von Wissen, Kausalvorstellungen und Wirkungsannahmen, die damit verbunden sind. Enteignung stellt schließlich den zentralen *Effekt* von Ökonomisierung dar, wenn Bildung primär als öffentliches Gut definiert wird, wozu die Privatisierung von Bildung im weitesten Sinne gleichsam den Gegenpol dazu bildet.

Fallbeispiele der Ökonomisierung von Bildung

5

5.1 PISA als transnationale Wertschöpfungskette

Beispielhaft für die Transnationalisierung von Bildungspolitik steht das ‚PISA-Unternehmen', das – ursprünglich von vier internationalen privaten Bildungsdienstleistern im Auftrag der OEDC seit der Jahrtausendwende durchgeführt – eine neue Form der „pädagogischen Wertschöpfung" (Flitner 2006) darstellt:

> Aus öffentlichen Schulsystemen, die im Windschatten der Ökonomie nach den Eigengesetzen staatlicher Einrichtungen funktionierten, sind inzwischen auch Felder wirtschaftlichen Handelns geworden, in denen Unternehmen beginnen, Arbeitsformen und pädagogische Beziehungen innerhalb der Schulen umzubauen, Schulsysteme in eine Vielzahl spezifischer Märkte zu zerlegen und einer ideellen und materiellen Privatisierung zuzuführen (Flitner 2006, S. 246).

Elisabeth Flitner bettet die Privatisierung von Bildung in die weitläufigere Geschichte der Rationalisierung von Bildungssystemen ein und vertritt die These, „dass staatliche und private Organisationen, die im Schulsystem tätig werden, ihre jeweils typischen Führungsprinzipien in die Schulen übertragen" (Flitner 2006, S. 246). Denn mit der staatlich-politischen Institutionalisierung des Bildungssystems in dem letzten Drittel des 19. Jahrhunderts wurden die bürokratischen Prinzipien wie etwa ein „elaboriertes Prüfungswesen" auch auf das Bildungswesen übertragen, die bis in die 1990er Jahre im Rahmen der inputorientierten Bildungssteuerung galten (z. B. Behördenhierarchie, curriculare Kontrolle). Gegenüber der inputgesteuerten Fachprüfung wird seit 2000 auf outputorientierte Tests umgestellt (Flitner 2006, S. 246), weshalb PISA als Katalysator einer neuen Test-Logik (inter-

T. Höhne, *Ökonomisierung und Bildung,* essentials,
DOI 10.1007/978-3-658-08974-0_5

nationale Bildungsvergleiche, Ranking, Output, externe Qualitätsstandards) gelten kann, die sich global mit der neuen Bildungssteuerung durchsetzt. Zudem rekonstruiert Flitner, in welch nachhaltiger Weise die Konzeption und Durchführung von PISA von privatwirtschaftlichen transnationalen Bildungsdienstleistern realisiert wurde, die im Auftrag der OECD operierten – ein weiteres Beispiel für das zunehmende Zusammenspiel von privaten Akteuren und dem bildungspolitischen ‚global player' OECD. Empirische Untersuchungen zu den Effekten von PISA auf internationale Bildungspolitiken zeigen den Modellcharakter von PISA, der ein strategisches Ziel von PISA ist: „PISA basiert (…) auf der Identifizierung gemeinsamer Merkmale besonders erfolgreicher Bildungssysteme von ‚PISA-Gewinnern' als Beispiele für ‚beste Praktiken' (*best practices*)" (de Olano et al. 2010, S. 12; Hartong 2012; Höhne 2012). Flitner spricht von „materieller und ideeller Privatisierung", womit ein erweiterter Privatisierungsbegriff impliziert ist, auf den sich auch andere Autor_innen stützen (z. B. Klausenitzer 2004).

PISA bildet den Kontext für die systematische Schaffung eines Quasi-Marktes im bundesdeutschen Schulsystem. Quasi-Märkte existieren zu diesem Zeitpunkt in englischsprachigen Ländern seit etwa zwei Jahrzehnten – mit ambivalenten Erfahrungen, wie empirische Studien belegen (Radtke und Weiß 2000). Im Zuge der Autonomiegesetzgebung kann/soll die Einzelschule durch unterschiedliche Instrumente Schulprogramme, schulscharfe Einstellungspolitik oder Evaluationsergebnisse ihr Profil schärfen, um mit ihrem ‚Potential' am Markt der Möglichkeiten gegenüber anderen Schulen/Konkurrenten aufzutreten. Damit entsteht ein Wettbewerb auf Seiten der Schulen um die besten Schüler_innen und auf Elternseite um die besten Schulen. Durch die Abschaffung fester und wohnortnaher Schuleinzugsbezirke wird ein Markt der Schulwahl geschaffen, der eine entsprechende „Passung" (Kramer und Helsper 2011) von Schule, Schulprofil auf der einen Seite und dem Habitus ‚bildungsnaher/-ferner' Eltern auf der anderen Seite ermöglichen soll.

5.2 Schulautonomie und Quasi-Markt

Die marktvermittelte Selektionslogik im Schulbereich wird in der ersten PISA-Studie als Fortschritt gesehen, denn entscheidend für die „Selbstselektivität" der einzelnen Schule sei ihre „Marktpositionierung" (Deutsches PISA Konsortium 2001, S. 451). Explizit wird dem Schulprofil hierbei eine „besondere strategische Bedeutung" (Deutsches PISA Konsortium 2001) zugeschrieben. So wird etwa der Erfolg einer Schule in der Gewinnung einer privilegierten Elternschaft angesehen: „Ein Indikator erfolgreicher Marktpositionierung ist der Anteil der Schülerinnen und Schüler, die eine bestimmte Schule besuchen, obwohl eine andere Schule mit gleichem Bildungsgang leichter erreichbar gewesen wäre" (Deutsches PISA Konsortium 2001). Hieran wird deutlich, wie die Politik der Subsidiarität als politische Strategie des Wettbewerbs greift, denn die Verantwortung für den (Miss-)Erfolg einer Schule wird nur noch dieser zugeschrieben, eben als ‚Selbstselektion':

> Der Anteil der Schulen mit selbstselektiver Schülerschaft differiert beträchtlich zwischen den Schulformen: 86 % der Schulleiterinnen und Schulleiter von Gymnasien, 63 % von Realschulen und 41 % von Hauptschulen geben an, dass ihre Schule von Schülerinnen und Schülern besucht wird, für die eine andere Schule mit gleichem Bildungsgang leichter erreichbar gewesen wäre (Deutsches PISA Konsortium 2001)

Über die *Selektivität der Schulstruktur* hinaus wirkt also auch noch die *Selektivität der Wahlentscheidung* in bemerkenswerter Weise: Je höher der Bildungsgang in der Hierarchie steht, umso selektiver wird die Schulwahl, die jeweils um etwa 20 Prozentpunkten gegenüber der darunterliegenden Schulform differiert. So schlägt die sozialräumliche Verteilung direkt auf die Schulwahl durch:

> So beobachten wir in den letzten Jahren ein deutliches Auseinanderdriften der Milieus sowohl in räumlicher als auch in kultureller Hinsicht. Deutschland scheint auf dem Weg in eine neue Art von Klassengesellschaft zu sein (…) Der Zulauf zu privaten Schulen ebenso wie das Umzugsverhalten von Eltern der Bürgerlichen Mitte geben ein beredtes Zeugnis dieser Entwicklung (…) So ziehen Eltern mit ihren Kindern aus Wohnvierteln weg, die keinen ausgeglichenen Anteil von Angehörigen ihres eigenen bürgerlichen Milieus haben, was zu einer erheblichen Entmischung von Stadtteilen führt (Merkle und Wippermann 2008, S. 8).

5.3 Qualität und Managerialisierung

Mittels des Qualitätsbegriffs wird das Feld der Bildung einer ökonomisierenden Semantik ausgesetzt und dadurch neu kodiert – so lässt sich die These zusammenfassen, die einige Autor_innen hinsichtlich der Ökonomisierung von Bildung vertreten wird (Höhne und Schreck 2009; Krönig 2007; Tacke 2005; Terhart 2000). Aus systemtheoretischer Perspektive deutet Franz Kasper Krönig die umfassende Adaption des Qualitätdiskurses in der Erziehungswissenschaft als „Nebenkodierung" (Krönig 2007, S. 140), wodurch von ‚Bildung' auf ‚Bildungsqualität' umgestellt wird. Hierbei würde der pädagogische Code – ausgedrückt in ‚besser Lernen' oder ‚besser vermitteln' – strukturell „mit dem Erstcode der Wirtschaft, die Nebenkodierung ‚Qualität'" gekoppelt (Krönig 2007, S. 104). Damit erfährt 'Bildung' eine entscheidende Umdeutung, denn es wird unterstellt, dass Bildungsqualität objektiv gemessen und wirksam auf eine Leistungssteigerung hin gesteuert werden könne (Kriterien von Effizienz und Effektivität). Hierbei wird die Schule – wie allgemein Bildungsorganisationen, die den Qualitätsimperativen ausgesetzt sind – für eine weitergehende Managerialisierung geöffnet (Krönig 2007, S. 106; Gerwitz 2003).

Mangerialisierung meint hierbei den Transfer betriebswirtschaftlicher Steuerungsmittel aus dem New Public Management (NPM) auf Bildung, wodurch der Bildungsbereich tendenziell in den Sog der neoliberalen Staatsreform im Zeichen des NPM seit Ende der 1980er Jahre gezogen wurde. Eine Grundannahme lautet, dass alle Organisationen, unabhängig von ihren ganz unterschiedlichen professionellen Kernbereichen und Handlungslogiken, mit den gleichen Instrumenten in puncto Effizienz und Effektivität entwickelt und optimiert werden könnten – analog zur Führung eines Unternehmens, das im NPM als Vorbild (best-practice) fungiert. Die aus dem Unternehmensbereich stammenden Qualitätsdiskurse (z. B. DIN-ISO-Qualität-Standards) waren/sind daher zentral für die Übertragung neuer unternehmerischer Führungsprinzipien auf nicht-ökonomische Organisationen (Flitner 2006), mit dem das betriebswirtschaftliche Entwicklungsparadigma zum Leitbild von Organisationsentwicklung überhaupt gemacht wird. Man kann daher davon ausgehen, dass die

> Übernahme des Qualitätsbegriffs aus dem ‚privatwirtschaftlichen Sektor' (…) einer internen Verarbeitung des Wirtschaftscodes gleichkommt", denn die „Qualitätsverbesserung bezeichnet die innerhalb einer Organisation ergriffenen Maßnahmen zur Erhöhung der Effektivität und Effizienz von Tätigkeiten und Prozessen (Krönig 2007, S. 106).

Dass es überhaupt zu einer Umkodierung dieser Art kommen kann, ist auf umfassende paradigmatische Verschiebungen im Verhältnis von Staat, Bildung und Wissenschaft zurückzuführen, wofür die Dominanz des Qualitätsdiskurses steht:

> Qualitätsdenken und mit ihm die Qualitätswissenschaften haben eine Dynamik entfaltet, die sich zunehmend auf bislang von Managementkonzepten sowie Kosten-Nutzen-Analysen nicht erfasste Wissens- und Handlungsbereiche ausdehnt. Hierzu gehören auch alle staatlichen oder halbstaatlichen Leistungen und Einrichtungen – und nicht zuletzt auch das gesamte Sozial- und Bildungswesen (Helmke et al. 2000, S. 7).

Es handelt sich um nicht weniger als eine globale „Umstellung der in den 60er und 70er Jahren dominierenden vier Leitkonzepte *Quantität, Egalität, Staat und Wissenschaft* auf *Qualität, Exzellenz, Markt und Evaluation*" in den 1990er Jahren (Terhart 2000, S. 810). Damit wurde ein Formwechsel von einer pädagogischen hin zu einer „ökonomischen Form der Bestimmung von Qualität" vollzogen (Terhart 2000, S. 812), der nach betriebswirtschaftlicher Steuerungslogik auf eine „ an *Produkten bzw. Wirkungen* festgemachten vergleichenden Überprüfung der Leistungsfähigkeit“ (Terhart 2000, S. 823) von Bildungsorganisationen zielt.

5.4 Leitbild ,lernende Organisation'

Da veränderte Semantiken und Diskurse nachhaltig ihre Spuren in institutionellen Strukturen hinterlassen, ist es für die empirische Erforschung von Ökonomisierungsprozessen sehr wichtig, diese Schnittstelle von Diskurs/Semantik und Strukturen systematisch im Auge zu behalten. Denn hierdurch ändern sich Selbst- und Fremdbeschreibungsformen (Bröckling 2007), Professionswissen (Tacke 2005) oder Erwartungen der Akteure (Schimank und Volkmann 2008) in Feldern, Organisationen oder Interaktionen. So hat Veronika Tacke hervorgehoben, „dass von der Verwendung von Semantiken in der Kommunikation Struktureffekte“ erwartbar sind, die sich in veränderter Interaktion in Organisationen äußerten (Tacke 2005, S. 175). Zentral für die Akzeptanz der erwähnten Managerialisierung von Bildungsorganisationen ist neben dem Qualitätsdiskurs gerade im pädagogischen Bereich ein neues Leitbild von Organisation: Schule als ‚lernende Organisation‘.

Das Konzept leistet zweierlei: Es schließt an die seit den 1950er Jahren von Seiten der Pädagogik vorgetragene Bürokratiekritik an (Stichwort: ‚Verwaltete Schule‘) und offeriert als Alternative die Lernfähigkeit der einzelnen Schule – unter der Voraussetzung, dass diese autonom agieren kann. Damit dockt dieses Modell an das erziehungswissenschaftliche Konzept von Schule als ‚pädagogischer Handlungseinheit‘ (Fend 1986) an, formuliert es jedoch konzeptionell um, indem es die unternehmerisch-managerialen Tugenden organisationalen Handelns akzentuiert. Mit dieser zweiten wichtigen Verschiebung wird eine „neue Professionalität“ postuliert, die sich durch „Kooperieren, Planen, Innovieren, Evaluieren, Forschen, Lernen, Leiten“ auszeichne (Tacke 2005, S. 185). Gegenüber klassischen Professionsmerkmalen wie der Organisation und Vermittlung von Inhalten ist die grundlegende Frage zu stellen, ob „Lehrer mit der Übernahme dieser organisatorischen Funktionen nicht professionalisiert, sondern *deprofessionalisiert“* würden (Tacke 2005). Hierbei kritisiert Tacke „Konfusionen zwischen pädagogisch-professionellen und organisatorisch-managerialen Wissensbeständen“ (Tacke 2005, S. 190), wie sie sich etwa in der metaphorischen Übertragung von individuellem Lernen auf Organisationen äußert. Mit der Deprofessionalisierung ist ein möglicher Effekt von Ökonomisierung beschrieben, der aus der Grenzverschiebung von Wissen und Diskursen resultiert, die damit einhergehen.

5.5 Stiftungen als neue Akteure

Akteure wie Stiftungen und Public-Private-Partnerships tragen zu einer verstärkten Privatisierung von Bildung bei (Höhne 2014). Stiftungen operieren an der Schnittstelle privaten und öffentlich-zivilgesellschaftlichen Engagements und legitimieren ihre partikularen Interessen und ihre bildungspolitische Agenda mit dem Gemeinwohlbezug ihres Handelns. Wie stark das heterogene Feld der Stiftungen politisch reguliert ist, zeigt der Umstand, dass die Novellen des Stiftungsrechts 2002 und 2007 ein wichtiger Grund für die immense Expansion des Stiftungswesens sind. Lag die Zahl von Stiftungen 2004 noch bei 12.760, so wurden Ende 2013 20.150 Stiftungen registriert (Bundesverband deutscher Stiftungen 2014).

Vor dem Hintergrund der Veränderungen von Staat und politischer Steuerung werden Stiftungen zu wichtigen bildungspolitischen Partnern des Staates. Sie organisieren eigene Bildungsprojekte, sind an vielen Projekten als Kooperationspartner beteiligt, treten engagiert und öffentlichkeitswirksam mit bildungspolitischen Programmen und Positionen auf, kurzum: Stiftungen haben Bildung seit Ende der 1990er Jahre zu einem zentralen Operationsfeld gemacht, in das sie in hohem Umfang verschiedene Ressourcen einbringen. Die bildungspolitischen Aktivitäten von Stiftungen sind vielfältig: Sie reichen von beratender Unterstützung über finanzielle Beteiligung in Bildungsprojekten bis hin zu eigenen Projekten und Maßnahmen.

Wie weit der Einfluss privater Stiftungen gehen kann, verdeutlicht folgendes Beispiel: In dem Projekt „Selbstevaluation in Schulen" (SEIS) wurde in Modellprojekten seit 2004 in verschiedenen Bundesländern ein Evaluationsinstrument der Bertelsmann Stiftung gemeinsam mit unterschiedlichen Bundesländern, Regionen und Kommunen eingeführt, bei dem die Stiftung die Evaluationsdaten erhebt, auswertet und an die Schulen zurückmeldet. Im Rahmen dieses Projektes wurden Bertelsmann weitgehende Handlungskompetenzen und Eingriffsrechte bei der bildungspolitischen (Mit-)Steuerung gewährt (Höhne und Schreck 2009, S. 238). Mittlerweile sind es 4.000 Schulen, die – nach Angabe des eigens dafür gegründeten Länderkonsortiums – SEIS verwenden. Was die erweiterten Kompetenzen der Stiftung betrifft, so gehören u. a. die Einwerbung von Drittmitteln durch Sponsoren (Stiftungen, Unternehmen) von Bertelsmann, die alleinige Durchführung der SEIS- Evaluation sowie die zeitlich unbefristete Nutzung der erhobenen Evaluationsdaten durch die Stiftung dazu, wie sie in Kooperationsvereinbarungen festgeschrieben worden sind (Höhne und Schreck 2009, S. 233). Neben dem Problem der nicht weiter politisch kontrollierten Verwendung der erhobenen Daten durch die Stiftung fällt noch die vormals staatliche Steuerungskompetenz ins Auge, die in Kooperationsvereinbarungen auf Bertelsmann übertragen wurde. Denn die flächendeckende Erhebung von Daten ist traditionell Aufgabe staatlicher Behörden (statische Ämter, Schulverwaltung).

6 Ökonomisierung als ,Great Transformation 2.0'?

Die Vielzahl und Heterogenität der Veränderungen, die hier unter Ökonomisierung gefasst wurden, lassen erkennen, dass Ökonomisierung kein marginales oder vorübergehendes Phänomen ist. Vielmehr bezeichnet der Ökonomisierungsbegriff eine elementare Formveränderung von Bildung und konkret von Handlungslogiken, Feldgrenzen, Rationalitäten, Wissensformen, Diskursen, institutionellen Praktiken, Macht- und Kontrolltechnologien sowie Subjektivierungsweisen. Für diese Reformierung bzw. Neuformierung von Bildung wird in der Literatur auf unterschiedliche Begriffe zurückgegriffen, die jeweils eine eigene Akzentuierung beinhalten. Begriffe wie ,Paradigmenwechsel' (Terhart 2000), ,Pfadwechsel' (Höhne 2014; Hartong 2012; Graßl 2008) ,neue Bildungsregime' (Parreira do Amaral 2011) oder ,neue Bildungsarenen' (Martens et al. 2007) stehen für diese umfassende bildungspolitische Transformation.

Aus der historischen Rekonstruktion des Ökonomisierungsdiskurses sowie seiner analytisch-begrifflichen Beschreibung mittels des Merkmalsclusters einschließlich der Fallbeispiele wurde deutlich, dass die umfassende Expansion, die ökonomisches Wissen, ökonomische Handlungslogiken und ökonomische Konzepte in außerökonomische Felder seit den 1980er Jahren erfahren, eine neue Qualität der globalen Transformation darstellt. Ökonomisierung ist von vielen Beobachter_innen als Ent-Differenzierung beschrieben worden, was auf die elementare Strukturveränderung hindeutet, die man in Anlehnung an Karl Polanyi als die ,große neoliberale Transformation' bezeichnen könnte. Sie umfasst alle sozial-, arbeits- und bildungspolitischen Policyfelder, die spätestens seit den 1990er Jahren einen ökonomisierenden Rationalisierungsschub durchlaufen. Von entscheidender Bedeutung für Ökonomisierung von Bildung und deren Analyse ist die grund-

T. Höhne, *Ökonomisierung und Bildung,* essentials,
DOI 10.1007/978-3-658-08974-0_6

legende Restrukturierung des Verhältnisses von Staat/Politik, Ökonomie, (Zivil) Gesellschaft und Bildung, was theoriearchitektonisch eine (neue) Politische Ökonomie der Bildung beinhaltet, die notwendig die transnationale Ebene mit einschließen würde. Im vorliegenden Text ging es jedoch zunächst einmal um eine begriffliche Klärung von Ökonomisierungsformen im Bildungsbereich.

Was Sie aus diesem Essential mitnehmen können

- Was Ökonomisierung bedeutet bzw. sie analytisch bestimmt wird
- Wie sich der Ökonomisierungsdiskurs historisch entwickelt hat
- In welch umfassender Weise Ökonomisierung den Bildungsbereich verändert
- Wie ökonomische Elemente in den Bildungsbereich vermittelt werden
- Welche Effekte Ökonomisierung im Bildungsbereich hervorruft
- In welcher Weise Ökonomisierung und Rationalisierung miteinander verknüpft sind

T. Höhne, *Ökonomisierung und Bildung,* essentials,
DOI 10.1007/978-3-658-08974-0

Literatur

Adorno, T.-W., & Horkheimer, M. (1998). *Dialektik der Aufklärung*. Frankfurt a. M.: Suhrkamp.

Arentz, H.-J. (1997). Ökonomischer Imperialismus? Homo Oeconomicus und soziologische Theorie. *Zeitschrift für Soziologie, 26*(2), 79–95.

Atzmüller, R. (2014). *Aktivierung der Arbeit im Workfare-Staat*. Münster: Westfälisches Dampfboot.

Ball, J. S., & Youdell, D. (2008). *Hidden privatisation in public education*. Brüssel: Education International.

Bank, V. (Hrsg.). (2005). *Vom Wert der Bildung*. Bern: Haupt.

Barz, H. (2010). Bildung und Ökonomisierungskritik – Die Perspektive der Erziehungswissenschaften. In H. Barz (Hrsg.), *Handbuch Bildungsfinanzierung* (S. 145–154). Wiesbaden: VS Verlag für Sozialwissenschaften.

Bauer, U. (2006). Die sozialen Kosten der Ökonomisierung von Gesundheit. *Aus Politik und Zeitgeschichte, 8–9,* 17–24.

Becker, G. S. (1975). *Human capital. A theoretical and empirical analysis, with special reference to education*. New York: National Bureau of Economic Research.

Bellmann, J. (2001). Zur Selektivität des pädagogischen Blicks auf Ökonomie. *Vierteljahresschrift für wissenschaftliche Pädagogik, 4,* 386–408.

Bellmann, J., & Müller, T. (Hrsg.). (2011). *Wissen, was wirkt. Kritik evidenzbasierter Pädagogik*. Wiesbaden: VS Verlag für Sozialwissenschaften.

Bourdieu, P. (1994). *Praktische Vernunft*. Frankfurt a. M.: Suhrkamp.

Bourdieu, P. (1997). *Vom Gebrauch der Wissenschaft*. Konstanz: UVK.

Bourdieu, P. (1998). *Praktische Vernunft*. Frankfurt a. M.: Suhrkamp.

Bourdieu, P. (1998a). *Vom Gebrauch der Wissenschaft*. Konstanz: UVK.

Bourdieu, P., & Passeron, J.-C. (1971). *Die Illusion der Chancengleichheit*. Stuttgart: Klett.

Bröckling, U. (2007). *Das unternehmerische Selbst. Soziologie einer Subjektivierungsform*. Frankfurt a. M.: Suhrkamp.

Bröckling, U., Kraßmann, S., & Lemke, T. (Hrsg.). (2000). *Gouvernementalität der Gegenwart. Studien zur Ökonomisierung des Sozialen*. Frankfurt a. M.: Suhrkamp.

T. Höhne, *Ökonomisierung und Bildung*, essentials,
DOI 10.1007/978-3-658-08974-0

van Buer, J., & Wagner, C. (Hrsg.). (2007). *Qualität von Schule. Ein kritisches Handbuch.* Frankfurt a. M.: Peter Lang.

Bundesverband Stiftungen. (2014). Statistik 2014. http://www.stiftungen.org/no_cache/de/forschung-statistik/statistiken.html. Zugegriffen: 8. Okt. 2014.

Czada, R. (2007). Markt. In A. Benz (Hrsg.), *Handbuch Governance* (S. 68–81).Wiesbaden: VS Verlag für Sozialwissenschaften.

Deleuze, G. (1993). Postskriptum über die Kontrollgesellschaften. In G. Deleuze (Hrsg.), *Unterhandlungen 1972–1990* (S. 254–262).Frankfurt a. M.: Suhrkamp.

Deutsches PISA Konsortium. (Hrsg.). (2001). *PISA 2000. Basiskompetenzen von Schülerinnen und Schülern im internationalen Vergleich.* Opladen: Leske und Budrich.

Distelhorst, L. (2014). *Leistung. Das Endstadium der Ideologie.* Bielefeld: transcript.

Dörre, K. (2009). Die neue Landnahme. Dynamiken und Grenzen des Finanzmarktkapitalismus. In K. Dörre, S. Lessenich, & H. Rosa (Hrsg.), *Soziologie, Kapitalismus, Kritik* (S. 21–86). Frankfurt a. M.: Suhrkamp.

Dreyfus, H., & Dreyfus, S. (1991). *Künstliche Intelligenz.* Reinbeck: rororo.

Erler, I., & Höhne, T. (2013). (Un-)Gleichheit. http://www.gloeb.de/index.php?title=%28Un-%29Gleichheit. Zugegriffen: 12. Juni 2014.

Fend, H. (1986). ‚Gute Schulen – schlechte Schulen'. Die einzelne Schule als pädagogische Handlungseinheit. *Die Deutsche Schule, 78*(3), 275–293.

Flitner, E. (2006). Pädagogische Wertschöpfung. Zur Rationalisierung von Schulsystemen durch public-private-partnerships am Beispiel von PISA. In J. Oelkers, R. Horlacher, & R. Casale (Hrsg.), *Rationalität und Bildung. Studien im Umkreis Max Webers* (S. 245–266). Zürich.

Foucault, M. (1994). *Überwachen und Strafen.* Frankfurt a. M.: Suhrkamp.

Foucault, M. (1994a). Das Subjekt und die Macht. In H. L. Dreyfus & P. Rabinow (Hrsg.), *Michel Foucault. Jenseits von Strukturalismus und Hermeneutik* (S. 243–261). Frankfurt a. M.: Beltz.

Foucault, M. (2004). *Geschichte der Gouvernementalität II. Die Geburt der Biopolitik.* Frankfurt a. M.: Suhrkamp.

Gerwitz, S. (2003). Die managerialistische Schule: Konsequenzen und Widersprüche der Post-Wohlfahrtsstaatlichkeit in der Bildung. *Widersprüche, 89,* 19–38.

GEW. (2009). Privatisierungsreport – 8. http://www.gew.de/Privatisierungsreport_8_Das_oeffentliche_Bildungswesen_in_Deutschland.html. Zugegriffen: 13. Mai 2014.

Graßl, H. (2008). *Ökonomisierung der Bildungsproduktion.* Baden-Baden: Nomos.

Hartmann, M. (2007). Die Exzellenzinitiative – ein Paradigmenwechsel in der deutschen Hochschulpolitik. http://www.nachdenkseiten.de/?p=1974. Zugegriffen: 26. Juli 2014.

Hartong, S. (2012). *Basiskompetenzen statt Bildung? Wie PISA die deutschen Schulen verändert hat.* Frankfurt a. M.: Campus.

Heinrich, M. (2007). *Governance in der Schulentwicklung.* Wiesbaden: VS Verlag für Sozialwissenschaften.

Helmke, A., Hornstein, W., & Terhart, E. (2000). Qualität und Qualitätssicherung im Bildungsbereich. *Zeitschrift für Pädagogik, 41*(Beiheft), 7–16.

Hoffmann, D., & Maak-Rheinländer, K. (2001). *Ökonomisierung der Bildung. Die Pädagogik unter den Zwängen des ‚Marktes'.* Weinheim: Beltz.

Hoffmann, D., & Neumann, K. (2003). *Ökonomisierung der Wissenschaft. Forschen, Lehren und Lernen nach den Regeln des ‚Marktes'.* Weinheim: Beltz.

Höhne, T. (2012). Bildungspolitik der Leitbilder- Schulpreise als Best Practice. *Die Deutsche Schule, 2,* 138–149.

Höhne, T. (2012a). Ökonomisierung von Bildung. In U. Bauer, U. Bittlingmayer, & A. Scherr (Hrsg.), *Handbuch Bildungs- und Erziehungssoziologie* (S. 797–813). Wiesbaden: VS Verlag für Sozialwissenschaften.

Höhne, T. (2012b). Die Krise als Chance? Eine habitustheoretische Dekonstruktion des Bewältigungsbegriffs. *Österreichische Zeitschrift für Soziologie, 37*(4), 403–420.

Höhne, T. (2013). Privatisierung. http://www.gloeb.de/index.php?title=Glossar. Zugegriffen: 22. Juni 2014.

Höhne, T. (2013a). Autonomie. http://www.gloeb.de/index.php?title=Glossar. Zugegriffen: 20. Juni 2014.

Höhne, T. (2013b). Stiftungen als Akteure eines neuen Bildungsregimes. *Die Deutsche Schule, 3,* 242–255.

Höhne, T. (2014). Stiftungen und Staat auf dem Privatisierungspfad? Privatisierung als Ökonomisierungsstrategie im Feld der Bildung. In M. Heinrich (Hrsg.), *Governance und Ökonomie.* Wiesbaden: VS Verlag für Sozialwissenschaften (im Erscheinen).

Höhne, T., & Karcher, M. (2014). Bildung, Bevölkerung und politische Steuerung. In S. Fegter (Hrsg), *Erziehungswissenschaftliche Diskursforschung. Empirische Analysen zu Bildungs- und Erziehungsverhältnissen.* Wiesbaden: VS Verlag für Sozialwissenschaften (im Erscheinen).

Höhne, T., & Schreck, B. (2009). *Private Akteure im Bildungssystem.* Weinheim: Juventa.

Jansen, S. A., & Priddat, B. (2007). Theorien der öffentlichen Güter: Rekonstruktionen sozialer Konstruktionen – Politik- und wirtschaftswissenschaftliche Korrekturvorschläge. In S. A. Jansen, B. Priddat, & N. Stehr (Hrsg.), *Die Zukunft des Öffentlichen. Multidisziplinäre Perspektiven für eine Öffnung der Diskussion über das Öffentliche* (S. 12–48). Wiesbaden: VS Verlag für Sozialwissenschaften.

Keeley, B. (2007). *Human capital. How what you know shapes your live.* Paris: OECD.

Kessl, F. (2002). Ökonomisierung. In W. Schröer, N. Struck, & M. Wolff (Hrsg.), *Handbuch Kinder- und Jugendhilfe* (S. 1113–1128). Weinheim: Juventa.

Kettner, M. (2011). Ein Vorschlag zur Unterscheidung von Ökonomisierung und Kommerzialisierung. In M. Kettner & P. Koslowski (Hrsg.), *Ökonomisierung und Kommerzialisierung der Gesellschaft* (S. 3–20). München: Fink.

Kettner, M., & Koslowski, P. (Hrsg.). (2011). *Ökonomisierung und Kommerzialisierung der Gesellschaft.* München: Fink.

Klausenitzer, J. (2004). Thesen zur Rationalisierung und Privatisierung im Bildungsbereich. Für einen erweiterten Privatisierungsbegriff. In J. Huffschmid (Hrsg.), *Die Privatisierung der Welt* (S. 140–158) (Reader des wissenschaftlichen Beirats von Attac). Hamburg: VSA.

Knodel, P., Martens, K., de Olano, D., & Popp, M. (2010). *Das PISA-Echo. Internationale Reaktionen auf die Bildungsstudie.* Frankfurt a. M.: Campus.

Koch, S. (2009). Die Bausteine neoinstitutionalistischer Organisationstheorie – Begriffe und Konzepte im Lauf der Zeit. In S. Koch & M. Schemann (Hrsg.), *Neoinstitutionalismus in der Erziehungswissenschaft* (S. 110–132). Wiesbaden: VS Verlag für Sozialwissenschaften.

Kossack, P. (2013). Lebenslanges Lernen. http://www.gloeb.de/index.php?title=Lebenslanges_Lernen. Zugegriffen: 10. Juni 2014.

Kramer, R.-T., & Helsper, W. (2011). Kulturelle Passung und Bildungsungleichheit – Potenzial einer an Bourdieu orientierten Analyse der Bildungsungleichheit. In H.-H. Krüger, U. Rabe-Kleberg, R.-T. Kramer, & J. Budde (Hrsg.), *Bildungsungleichheit revisited. Bildung und soziale Ungleichheit vom Kindergarten bis zur Hochschule* (S. 103–125). Wiesbaden: VS Verlag für Sozialwissenschaften.

Krönig, F.-K. (2007). *Die Ökonomisierung der Gesellschaft: Systemtheoretische Perspektiven*. Bielefeld: Transcript.

Liesner, A. (2011). Wie privat ist privat? *Die Deutsche Schule, 2*(103), 158–169.

Littek, W., Rammert, W., & Wachtler, G. (Hrsg.). (1982). *Einführung in die Arbeits- und Industriesoziologie*. Frankfurt a. M.: Campus.

Löffler, E. (2003). Die Ökonomisierung des Staates – Versuch einer Begriffsklärung. In J. Harms & C. Reichard (Hrsg.), *Die Ökonomisierung des öffentlichen Sektors: Instrumente und Trends* (S. 19–28). Baden-Baden: Nomos.

Lohmann, I. (2010). Bildung am Ende der Moderne. Beträge zur Kritik der Privatisierung des Bildungswesens. http://www.epb.uni-hamburg.de/erzwiss/lohmann/Privatisierungskritik/E-Book.pdf. Zugegriffen: 10. März 2011.

Manzeschke, A. (2011). ‚Ökonomisierung' – Klärungsbedürftigkeit und Erklärungskraft eines Begriffs. In M. Kettner & P. Koslowski (Hrsg.), *Ökonomisierung und Kommerzialisierung der Gesellschaft* (S. 7–96). München: Fink.

Martens, K., Rusconi, A., & Leuze, K. (2007). *New arenas of education governance*. New York: Palgrave.

Marx, K. (1972). *Das Kapital. Kritik der politischen Ökonomie* (Bd. 1 MEW 23). Berlin: Dietz.

Marx, K., & Engels, F. (1973). *Die Entwicklung des Sozialismus von der Utopie zur Wissenschaft* (MEW 19). Berlin: Dietz.

Merkle, T., & Wippermann, C. (2008). *Eltern unter Druck. Selbstverständnisse, Befindlichkeitenund Bedürnisse von Eltern in verschiedenen Lebenswelten. Lucius* & Lucius: Stuttgart

Meyer, J. W. (2005). *Weltkultur. Wie die westlichen Prinzipien die Welt durchdringen*. Frankfurt a. M.: Suhrkamp.

Meyer, J. W., & Ramirez, F. O. (2005). Die globale Institutionalisierung der Bildung. In J. W. Meyer (Hrsg.), *Weltkultur* (S. 212–234). Frankfurt a. M.: Suhrkamp.

Meyer, J. W., & Rowan, B. (2009). Institutionalisierte Organisationen. Formale Struktur als Mythos und Zeremonie. In S. Koch & M. Schemann (Hrsg.), *Neoinstitutionalismus in der Erziehungswissenschaft* (S. 28–56). Wiesbaden: VS Verlag für Sozialwissenscahften.

Münch, R. (2009). *Globale Eliten, lokale Autoritäten. Bildung und Wissenschaft unter dem Regime von PISA, McKinsey und Co*. Frankfurt a. M.: Suhrkamp.

Münch, R. (2010). Bologna oder die Kapitalisierung der Bildung. *Blätter für deutsche und internationale Politik,* 1, 47–54.

Münch, R. (2011). *Akademischer Kapitalismus. Über die politische Ökonomie der Hochschulreform*. Frankfurt a. M.: Suhrkamp.

de Olano, D., Knodel, P., Martens, K., & Popp, M. (2010). Das PISA-Echo – Resonanzen und Erklärungsansätze. In D. de Olano, P. Knodel, K. Martens, & M. Popp (Hrsg.), *Das PISA-Echo. Internationale Reaktionen auf die Bildungsstudie* (S. 9–26). Frankfurt a. M.: Campus.

Parreira do Amaral, M. (2011). *Emergenz eines internationalen Bildungsregimes? International Educational Governance und Regimetheorie*. Münster: Waxmann.

Paulo Freire Zentrum/Österr. HochschülerInnenschaft. (Hrsg.) (2005). *Ökonomisierung der Bildung*. Wien: Mandelbaum.

Peetz, T. (2014). *Mechanismen der Ökonomisierung*. Konstanz: UVK.

Pelizzari, A. (2001). *Die Ökonomisierung des Politischen*. Konstanz: UVK.

Polanyi, K. (1944/1978). *The great transformation*. Frankfurt a. M.: Suhrkamp.

Ptak, R., & Aghamiri, K. (2013). Privatisierungstrends in allgemeinbildenden Schulen – eine ökonomisch-pädagogische Sicht. In A. Gürlervik, C. Palentien, & R. Heyer (Hrsg.), *Privatschulen versus staatliche Schulen* (S. 279–296). Wiesbaden: Springer.

Radtke, F.-O. (2009). Ökonomisierung. In S. Andresen (Hrsg.), *Handwörterbuch Erziehungswissenschaft* (S. 621–636). Weinheim: Beltz.

Radtke, F.-O., & Weiss, M. (Hrsg.). (2000). *Schulautonomie, Wohlfahrtsstaat und Chancengleichheit*. Opladen: Leske/Budrich.

Richter, P. (2010). *Ökonomisierung als gesellschaftliche Entdifferenzierung. Eine Soziologie zum Wandel des öffentlichen Sektors*. Konstanz: UVK.

Rosa, H. (2005). *Beschleunigung. Die Veränderung der Zeitstrukturen in der Moderne*. Frankfurt a. M.: Suhrkamp.

Sackmann, R. (2004). Internationalisierung von Bildungsmärkten? Empirische Daten zur Kommerzialisierung von Bildung in Deutschland und den USA. *Beiträge zur Hochschulforschung,* 26(4), 62–92.

Schimank, U. (2008). Ökonomisierung der Hochschulen – Eine Makro-, Meso-, Mikroperspektive. In K.-S. Rehberg (Hrsg.), *Die Natur der Gesellschaft* (S. 622–635). Frankfurt a. M.: Campus.

Schimank, U., & Volkmann, U. (1999). *Gesellschaftliche Differenzierung*. Bielefeld: transcript.

Schimank, U., & Volkmann, U. (2008). *Ökonomisierung der Gesellschaft*. In A. Maurer (Hrsg.), *Handbuch der Wirtschaftssoziologie* (S. 382–393). Wiesbaden: VS Verlag für Sozialwissenschaften.

Spatscheck, C., Arnegger, M., Kraus, S., Mattner, A., & Schneider, B. (Hrsg.). (2008). *Soziale Arbeit und Ökonomisierung. Analysen und Handlungsstrategien*. Berlin: Schibri (Schriftenreihe der ASFH Berlin).

Stifterverband für die deutsche Wissenschaft. (Hrsg.). (2010). Rolle und Zukunft privater Hochschulen. Eine Studie in Kooperation mit McKinsey & Company. Essen. http://www.stifterverband.info/publikationen_und_podcasts/positionen_dokumentationen/private_hochschulen/rolle_und_zukunft_privater_hochschulen_in_deutschland.pdf. Zugegriffen: 14. März 2014.

Tacke, V. (2005). Schulreform als aktive Deprofessionalisierung? In T. Klatetzki & V. Tacke (Hrsg.), *Organisation und Profession* (S. 165–199). Wiesbaden: VS Verlag für Sozialwissenschaften.

Tenorth, H.-E. (2005). Bildung Milchmädchenrechnung. Warum der Vorwurf der Ökonomisierung des Bildungswesens falsch ist. *Die Zeit* (6.10.2005).

Terhart, E. (2000). Qualität und Qualitätssicherung im Schulsystem. Hintergründe – Konzepte – Probleme. *Zeitschrift für Pädagogik, 46,* 809–829.

Vogel, B. (2007). *Die Staatsbedürftigkeit der Gesellschaft*. Hamburg: Hamburger Edition.

Voß, G. G. (2000). Unternehmer der eigenen Arbeitskraft – Einige Folgerungen für die Bildungssoziologie. *Zeitschrift für Erziehungswissenschaft, 2,* 149–166.

Weber, M. (1895/1921). Der Nationalstaat und die Volkswirtschaftspolitik. In M. Weber (Hrsg.), *Gesammelte politische Schriften* (S. 7–30). München: Drei Masken.

Weber, M. (1921/1964). *Wirtschaft und Gesellschaft* (5. Aufl.). Köln: Kiepenheuer & Witsch.

Weiß, M. (2001). Quasi-Märkte im Schulbereich. In J. Oelkers (Hrsg.), *Zukunftsfragen der Bildung* (S. 69–85). Weinheim: Beltz.

Weiß, M., & Steinert, B. (2000). Privatisierung des Bildungsbereichs – Internationale Tendenzen. In F.-O. Radtke & M. Weiß (Hrsg.), *Schulautonomie, Wohlfahrtsstaat und Chancengleichheit* (S. 35–51). Opladen: Leske & Budrich.

Wexler, P. (1999). Die Toyota Schule. Ökonomisierung von Bildung und postmodernes Selbst. In H. Sünker & H.-H. Krüger (Hrsg.), *Kritische Erziehungswissenschaft am Neubeginn?* (S. 35–57). Frankfurt a. M.: Suhrkamp.

Willke, G. (2003). *Neoliberalismus*. Frankfurt a. M.: Campus.